序　言

没有钱并不是问题，没有创造力才是问题。

——犹太谚语

以色列在《圣经》中总共出现了 2560 次，耶路撒冷在《圣经》中总共出现了 991 次，其中《旧约》出现了 677 次，《新约》出现了 214 次。锡安山在《圣经》中出现了 60 次。因此，《圣经》说，凡祝福以色列的，必蒙祝福；诅咒以色列的必遭诅咒。热爱以色列的，一定兴旺发达。与犹太人为伍，就是与智慧同行。敬畏耶和华就是智慧的开端。

我先后 6 次访问过以色列。第一次访问是参加深圳高科技中心组织的中以高科技峰会；第二次访问是参加中国教育学会组织的中国教育考察团；第三次访问是应以色列一流教育创新和管理创新智囊团 PenZA 感知实验室的邀请，签订战略合作协议；第四次是参加教会组织的住棚节特会，专门带领女儿和前妻到以色列受洗；第五次访问是参加中以高科技创新峰会；第六次访问是陪同江苏省扬州市广陵区区政府的领导考察“天才儿童游乐园”项目。以色列是个百去不厌的地方，每次去的感受与收获都不同。我的前半生做了三件事，后半生我只做两件事：一、写书讲课传播以色列创新智慧和犹太教育的精髓；二、让犹太智慧和以色列创新教育项目落地中国。具体的项目有三个，而且落地到内蒙古呼和浩特托克托县，拉开了中以合作的新序幕：

1. 创办“中以创新创业大厦”，推动中国的“双创事业”；

2. 引进以色列魏兹曼科学院“克洛尔科技园”落地中国，成为中国未来诺奖得主的摇篮；

3. 创办从幼儿园到大学的以色列塔木德(犹太智慧)国学教育创新体系示范学校和“以色列创新智慧学院”，为中国培养未来真正需要的人才。

让孩子和老师更加聪明和有智慧，让家庭更加幸福，让企业和政府更有创造力。智慧、幸福、创新：人类永恒的价值观。

我心目中的以色列不仅是个“创业的国度”，更是一个“智慧的国度”。在以色列同上帝通话是直拨，在别的地方同上帝通话是长途。更何况还有那么多《圣经》中多次提到的神圣去处：拿撒勒、加利利湖、迦百农、马可楼、客西马尼园、橄榄山、锡安山、骷髅地、苦路十四站、西布伦、约旦河、八福堂……每一个地方都令人刻骨铭心。一生中不去趟以色列，是终生的遗憾。

以色列人崇尚创新与创业，用自己的艰苦劳动创造了沙漠中的奇迹。以色列被称为“中东硅谷”和“世界上最小的超级大国”，仅用了 20 多年的时间，就做到了从无到有，从贫乏到卓越的经济转型，从而突破自然资源匮乏的局限，创造了世界科技超级强国的“神话”，令全世界为之惊叹。

寻找，就等于寻见；叩门就等于开门。天堂的大门已向我们张开。世界有十分美，九分在耶路撒冷。

目前，中以关系已经进入了一个前所未有的黄金时代，我经过了 20 多年的理论思考和实践探索，提出关于发展中以关系的三点建议：

1. 政治外交方面：奉行中立友好政策，与以色列和阿拉伯世界都要成为朋友。

为了实现伟大的“中国梦”和“一带一路战略”，中国既需要以色列的支持，更需要阿拉伯世界的支持。

因此，中国应该学会平衡处理各方利益，在一些核心矛盾冲突点上不宜立场过于鲜明，否则容易伤害各方感情。应该让各方都感觉到中国奉行中立友好的态度。

当然，中国正在崛起，应更多的承担责任，自觉地维护人类的公平与正义，永远站在正义的一边，尽自己最大的力量打击恐怖主义，体现自己道德的力量。

2. 经济、文化、科技、教育方面：加大加快同以色列合作的力度和速度。

在 2015 年的中国两会上，李克强总理提出了“大众创业，万众创新”的基本国策；十八届五中全会上又提出了四大创新的口号：理论创新、制度创新、文化创新、科技创新。而在这点上，以色列被称为“创业的国度”“创新的国度”和“智慧的国度”，与中国的农业、文化、科技、教育，包括军事技术方面都有较大的互补性，并为中国的可持续发展作出了榜样。应该加大和加快双方合作的力度与速度。

3. 通过公共外交和民间外交的手段来加深两国人民的友谊。

在中国的历史上从未出现反犹主义，再加上宋朝开封犹太人，19 世纪哈尔滨犹太人，二战上海犹太人的友好历史，奠定了两个民族和两个国家世代友好合作的历史基础，应通过公共外交手段加大宣传力度和友好交往，推动两国友好合作。

与犹太人为伍，就是与智慧同行。实现“中国梦”和伟大的民族复兴与可持续发展，中国离不开以色列的支持。智慧、幸福、创新：人类永恒的价值观。

贺雄飞

2015 年 11 月 12 日于呼和浩特托克托县

目　录

第三章 远见必须取代经验
——以色列创业成功的GPS

第四章 问号代表一切
——探寻以色列教育之谜

第五章　1+1=11或111
——以色列经济奇迹对中国经济的启示

第一章　不创新就意味着死亡——以色列创新精神的DNA

一个犹太人开加油站赚了钱，第二个人在加油站边上开饭店，第三个人开超市。但中国人不是这样，第一个人开加油站挣钱，第二人迅速开加油站，第三个也开加油站，最后一起打价格战，都死掉了。

——中国段子

1.1　想法必须与众不同

对于许多人来说，以色列是一个陌生而神奇的国度，这里不仅培养出了12位诺奖得主，同时还是上帝的故乡和耶稣的诞生地。尤其是现代的以色列，经常成为世界的焦点，不仅经常牵动联合国五个常任理事国的神经，同时每天都上演着形形色色的悲喜剧。

以色列于1948年5月14日建国，土地贫瘠，大部分国土面积是沙漠和盐碱地，严重缺水，全年中约有 300 天是日照，只有约 50 天是阴雨天。雨量非常稀少。以色列境内没有可供开采的石油、天然气、煤和森林资源，而且还处于周边阿拉伯国家的全面封锁之中。目前全国人口只有 800 多万，60 多年来历经磨难，在危机中发展和成长，GDP 从 20 世纪 60 年代末的 25 亿美元上升到 2003 年的 1140 亿美元，翻了 40 多倍，而同期人口只增加了 4 倍。人均 GDP 现已高达 2 万美元，名列世界前 20 位，位于发达国家行列。2008 年，以色列的人均风险资本投资是美国的 2.5 倍，欧洲国家的 30 余倍，中国的 80 倍，印度的 350 倍，吸引了近 20 亿美元的风险资本，相当于英国 6100 万人口所吸引的风险资本或德国和法国合计 1.45 亿人口所引入的风险资本总额。以色列在纳斯达克上市的新兴企业总数，超过全欧洲在纳斯达克上市的新型企业的总和，甚至超过日本、韩国、中国和印度四国的总和，这个弹丸之地爆发出了惊世的能量。

以色列建国的时间比中国不过早一年半。一个诞生几十年的国家，为什么能从一个农业国家快速变身为现代化国家？

一个人口不足 800 万的国家，为什么能在炮火和连续的战争阴影中实现人均 GDP 超过 2 万美金的经济奇迹？

一个国土面积只有2.6万平方公里的国家，为什么能够成功地从“农业小国”转型为世界第二的“科技大国”？

一个除了沙漠和人的大脑外一无所有的弹丸小国，为什么能在世界经济论坛国家创新排名中遥遥领先？

这一切谜团值得每一个追寻社会进步的有识之士认真探索和思考。

我于2010年至2014年期间，先后6次考察了以色列，第一次是参加了以色列风投与高科技年会，第二次是随同中国教育考察团考察了以色列的教育，第三次应以色列一流智囊团PenZA的邀请考察以色列的创新和黄金教育模式。

时光飞逝，往事历历在目，犹太人的聪颖智慧和教育思想深深地打动了我，让我久久难以忘怀。中华民族和犹太民族都是伟大而古老的民族，只要相互学习和交流，取长补短，一定能激发出智慧的光芒。

2011年11月2日上午，我第三次访问以色列的时候，以色列著名的管理创新智囊团PenZA感知实验室的董事长Erez开车带我去海法市MATAM科技园参观，科技园的CEO热情地接待了我们，加上PenZA的CEO Zohar先生，共有四个“光头”。当时我非常奇怪，难道犹太人的聪明和他们的光头有关系吗？为什么叫绝顶聪明？

MATAM 科技园的主管也是一个“光头”，一见面就幽默地说道：“中国人很多，犹太人很少，我们两个民族加起来，在全世界就很多。”这就是犹太人的哲学，他们的算术学得很好。海法是以色列最主要的高科技研发基地，在全世界仅次于美国的“硅谷”，排名第二。海法共有两所大学——以色列理工学院和海法大学，共产生了 3 位诺贝尔奖得主。

以色列最大的体育馆就在 MATAM 科技园，2013 年海法会展中心也在这里完工。我们到了 MATAM 科技园主管的办公室，看到了全世界所有最著名的展览中心的照片，包括中国的鸟巢。“为什么会有中国的鸟巢呢？”我随口问了一句，那位“光头”主管回答说：“因为我们的展览中心在设计和建设的时候，一定要和全世界所有的著名展览中心区分开来，以它们为标准，体现我们的创新能力。以色列每建设这样一个项目，都要站在历史和世界的高度来进行分析论证。”这说明海法市的起点非常高，中国每年有很多地方政府来这里学习如何做科技园区。

我又问道：“为什么中国的地方政府和公司要来海法学习呢？”

"光头"主管再次幽默地回答道："第一，因为这是以色列，不用介绍，犹太人很聪明；第二，在以色列当兵的人很多，他们知道该做什么；第三，海法有两所世界著名的大学，这里聚集了很多的人才。一边是人的脑子，另一边是技术，中间就是我们。"以色列的军人素质非常高。

海法体育场可容纳 3 万人，MATAM 科技园区现在共有 15 个新公司，美国的 Google 公司、微软公司和巴菲特的公司都在这里设立了研发基地。于是，我迫不及待地向这位"光头"主管问道："高科技一直引领着人类的发展，但现在人类出现了很多问题，高科技还会引领人类未来的发展吗？未来高科技的发展趋势是什么？"这位"光头"主管没有正面回答我的问题，PenZA 的 CEO Zohar 先生接茬道："一边是犹太人的智慧，一边是中国人，中间是我们 PenZA。未来能做什么，让我以后慢慢告诉你。"

中午的时候，我们匆匆喝了一会儿午茶，因为下午 1:30 要赶到 Technion 学院，同世界一流的领导力创新专家、Technion 创新中心的主任 Miriam Erez 教授见面。这位女教授显得非常精干，她开门见山地说道："为什么我对创新感兴趣？什么可以刺激人们热爱学习，各种文化有巨大的差别。但有一种文化是全球的文化，那就是创新能力。创新就是指每一个人都能有一个办法来解决自己的难题，从办法到产品就是我的工作。每一种文化同另外一种文化的差别，都可以推动创新的发展。由于文化的差别导致了对机会认识的不同。我的创新中心旨在帮助普通工业的发展。”

返回特拉维夫的时候，我们又参观了一个由以色列著名的本扎蕾艺术学院首席创新专家 Ezri 教授主导设计的以色列最新科技发明成果展览，共有 200 多项以色列最新的科技发明专利，我们走马观花看了十几项，诸如，小西红柿的种子、最新的防盗门、手指测血压、检测血压和心脏的床等。参观这项展览的孩子们非常多。在以色列，创新和发明是每一个公民和每个公司的责任，创新能力是激发一个民族智慧与发展的根本。

参观完创新展览后，我感慨万千。Erez 对我说：“如果你也要发明创造的话，想法就必须和别人不同。”这可能是解开以色列创新DNA的第一把钥匙。从比尔·盖茨对以色列高科技人才的赞美，到 IBM 等世界一流企业落户海法高科技园区；从以色列人发明网络电话 Volp 技术到改变人类沟通方式的 ICQ ；从提升无线计算能力的奔腾和迅驰芯片到丰富网络运用的 Comverse 的语音邮件……以及摩托罗拉公司在以色列研发中心发明的世界第一部手机，到以色列退伍军人发明了维护网络安全的防火墙，以色列高科技公司成为外国投资家的首选目标，股神巴菲特用 40 亿美金收购了以色列伊斯卡公司 80% 的股权，ScanDisk 则将最新发明移动硬盘技术的 M-system 公司揽至麾下。世界权威机构 Fitch 将以色列的国家评级从“A”调到了“A+”。这一切无不证明了以色列人有着世界上最聪明的头脑和最独特的想法。据称，巴菲特在收购 Iscar 公司时宣称，伊斯卡是头脑、才干和想象力的独特组合，他们的投资从本质上来说是一场对犹太人头脑和想法的赌博。

在一本近 40 万字，以 91 位名人作例证、专门谈论创造性的专著中，编者采访了若干名犹太人，例如：哲学家阿德勒、1991 年诺贝尔文学奖得主内丁 · 戈迪默、生物学家乔治 · 克莱因、1958 年诺贝尔生理学和医学奖得主莱德柏格、发明家弗兰克 · 奥夫纳、物理学家亚伯拉罕 · 佩斯、花旗银行总裁约翰 · 里德、生物学家乔纳斯 · 索尔克、作家斯特恩、医学物理学家耶洛……足见犹太人的创造性是多么强。

犹太民族是全世界最具创造性的民族，除了上述提到的各个领域的精英人才外，1907 年迈克尔逊精确测定了光速，1908 年李普曼发明了天然彩色摄影技术，1908 年埃尔利希发明了梅毒的近代化学疗法，1915 年威尔斯泰特发现了植物色素和叶绿素，1918 年哈伯发明了合成氨，1930 年兰德施泰纳发现了人类的四种血型，1945 年钱恩同别人一起发现了青霉素，1952 年瓦克斯曼发现了链霉素，1959 年科恩伯格发现了 RNA 和 DNA 的生物合成机制，1962 年佩鲁茨测出了蛋白质的精细机构，1969 年盖尔曼发现了“夸克”，1976 年布鲁姆伯格发现了乙型肝炎的起源和传播机制，1980 年吉尔伯特测定了人类 DNA 顺序的方法（伯格则研究探索基因重组 DNA 分子），1989 年奥尔特曼发现了 RNA 自身具有酶的催化功能，此外，原子弹、氢弹等也都是犹太人发明的。以爱因斯坦和玻尔、玻恩、奥本海默等科学家为代表的犹太人为自然科学和思想艺术、经济等领域的贡献更是不计其数。

除此而外，犹太人在生活时尚方面也是人类的急先锋，不仅发明了牛仔裤、胸罩、避孕药和芭比娃娃，还推销了“POLO”和“CK”服装，更有“公关之父”伯奈斯，以及购买英超切尔西足球俱乐部的神秘大亨阿布和缔造立体主义画派的“毕加索的商人”康维勒等，无数的犹太人为人类贡献了与众不同的想法。

目前，以色列被视为世界上科技最先进的国家之一，正如爱因斯坦所言：“以色列只有大力发展科技创新，才能赢得生存的战役。”而以色列外交部亚太司副司长 AmosNadai 在谈到以色列崛起之谜时也说道:“我们成功的秘密，真的在于我们一无所有。我们几乎没有任何自然资源，要想在地球上生存，就必须找到适合我们自己发展的道路。”

正因为犹太人鼓励每个人具有不同的想法，所以在很多以色列的公司里，管理 5 个犹太人，比管理 50 个美国人还要难，因为他们一进公司后，就会不停地向你提出各式各样的难题。一般的问题往往会从这句话开始——“为什么你是我的经理？而不是我来做你的经理？”

1.2 不害怕失败,越是艰难越要走向成功

《圣经 · 路得记》中提到一个摩押女子路得。路得是犹太人以利米勒和拿俄米的儿媳妇。以利米勒共有两个儿子，娶了两名摩押女子为妻，一个名叫俄珥巴，一个名叫路得。后来以利米勒和他的两个儿子都先后死了，只剩下拿俄米和她的两名儿媳妇。当时正是饥荒年代，三个寡妇的生活非常艰难。婆婆拿俄米就对两名儿媳妇说:“你们各自回娘家去吧，愿上帝能使你们在新夫家中得着平安。”于是，拿俄米就和两名儿媳妇拥抱亲吻，她们恋恋不舍。拿俄米就说:“我的女儿

们啊，回去吧！我还能生子做你们的丈夫吗，我已年纪老迈，岂能拖累你们使你们不嫁别人呢？我因为你们的缘故，甚是愁苦。”

两名儿媳放声大哭，俄珥巴与婆婆亲嘴而别，但是路得舍不得离开拿俄米。拿俄米说：“你也跟着你嫂子回去吧！”路得坚定地说：“不要催我离开你。你往哪里去，我也往哪里去；你在哪里住宿，我也在哪里住宿……你的神就是我的神；你在哪里死，我也在哪里死，我也葬在那里。”后来，路得感动了富裕而有名望的以色列人波阿斯，娶她为妻，她成为大卫王的曾祖母。

曾几何时，路得成为每一个犹太母亲的榜样，她们以坚定的信仰，教导自己的子女渡过人生中的各种苦难，不要害怕失败，越是艰难越要走向成功。正如犹太谚语所言：“只有碾碎的葡萄才能酿出最纯的酒，只有压碎的橄榄才能榨出最好的油。”为此，犹太人制定了各种规则，或者以各种节日纪念历史。即使在新婚典礼的重要时刻，他们也要提醒新人不要忘记苦难。婚礼规定新人不能喝完酒后把酒杯完整地放入盘中，而是把酒杯摔碎，告诉两人要同甘共苦一起度过艰难的一生，如果一味享乐，没有危机感就是败家的象征。

犹太人由于苦难的历史，时刻充满了危机意识，在任何情况下都绝不懈怠。即使有平安的生活，他们也常常居安思危，保持警惕。每当幸运来临的时候，他们总是最后感知。而每当灾难来临的时候，他们总是最先感知。

因此，对于犹太人来说，每一次危机也是一次奋发图强的机会。在近两千年漂泊流离的生活中，犹太人不仅没有被逆境压垮，而是将苦难转化成一笔宝贵的财富。

《塔木德》说："人的眼睛是由黑白两部分组成的，为什么只能透过黑眼球才能看到东西呢？因为人必须透过黑暗才能看到光明。"所以，犹太人顽强而坚韧的精神意志和挑战风险永不气馁的进取意识，恰恰构成了犹太商人的重要底蕴，从而使他们在逆境中从容镇定，应付自如。他们面对失败，从未丧失过信心，而是汲取教训，重新再来。

犹太企业家很喜欢这样一则故事：

有三只蛤蟆不小心掉在鲜奶桶中。第一只蛤蟆说："这是上帝的意志，不可违抗。"于是，它盘起后腿，等待着奇迹发生。

第二只蛤蟆说："这桶太深了，没有希望了。"于是，它被淹死了。

> 第三只蛤蟆说："尽管掉到鲜奶桶里，可我的后腿还能动。"于是，它奋力地往上跳起来。它一边在奶里划，一边跳，慢慢地，它觉得自己的后腿碰上了硬硬的东西，原来是鲜奶在蛤蟆后腿的搅拌下，渐渐地变成奶油了。凭着奶油的支撑，这只蛤蟆跳出了奶桶。

犹太人就和那只奋力拼搏的蛤蟆一样，不但没有沉沦，反而在绝望中奋发向上，犹太大亨中几乎很少有暴发户。

纽约股票巨人约瑟夫·贺喜哈在8岁时就变成了一名小乞丐，于是被迫和寡居的母亲住进了杂乱肮脏的布鲁克林区的贫民窟。更不幸的是，母亲又被大火烧成了重伤，即使住进医院，也只能靠他饥一顿饱一顿的乞讨为生。从那时起，他就发誓摘掉"穷鬼"的帽子，变成一名有钱人。

他终于找到了在一家公司做收发员的工作，并毛遂自荐成为总经理的股票经纪人……凭着他对股票事业的执着，更凭着他的信心和胆量，最后他终于成为一名亿万富翁。他发财后，没有忘记还有许多穷人，于是，慷慨地投入了慈善事业，成为一名令人非常尊敬的慈善投资家。

美国著名的报业家和新闻学者约瑟夫·普利策，也是一名白手起家的犹太人。21 岁的时候，他获得了律师执业许可证。作为一个有抱负的青年人，他觉得当一个律师不会有太大的出息，于是决定进军新闻业。起先，他给一家报社打工当记者，顶住了老板的百般刁难和同事不屑的白眼，虚心研究报社各环节的工作，并于第二年被晋升为编辑。随着他署名文章的增多，影响力逐渐扩展，于 1869 年当选为密苏里州议会议员。过了两年，他又牵头筹备密苏里州共和党，声望大增。1878 年，他用积蓄买下了一家濒临倒闭的报纸，开始了独立办报的生涯。在历尽艰辛之后，他将《西方邮报》《圣路易斯快邮报》和《纽约世界报》办成当时美国首屈一指的大报，并创办了以自己名字命名的新闻奖——普利策新闻奖，它是当今美国新闻界的最高荣誉。

很显然，回眸犹太人的历史，确实充满各种曲折和动荡。但是，他们用自己的鲜血、汗水、泪水和屈辱创造了辉煌的今天。如今以色列的耶路撒冷和特拉维夫，早已不是蚊虫滋生的沼泽和干旱无雨的沙漠，而是到处长满了鲜花的“伊甸园”。强大的农业经济使得农产品非常丰富，从番茄到金鱼，全部销往欧洲市场。犹太人改进太阳能技术和水循环技术，发现治愈各种疾病的方法，为医学和其他行业发明新工具，并在数百个研究领域取得巨大进步，成为许多著名跨国企业最喜欢的地方。这些公司包括微软、思科、英特尔、谷歌、IBM、索尼、爱立信等，正如沃伦·巴菲特所言："如果你去中东寻找石油，那么就不要停留在以色列。但是如果你去寻找智慧、活力和正直，那里就是唯一可以驻足的地方。"而比尔·盖茨则认为，以色列非常适宜搞高科技研发，"这里的人的素质是无与伦比的"。

TANGOROI在日本也是一家不小的企业，拥有一批包括主要汽车制造商在内的主力客户，但2008年秋季开始经营一落千丈，亏损严重。2009年5月不得不在公司内部招募100名自愿退职者。本来，刚刚被外资收购的亏损企业是无力组织退职员工出国旅游的，促成这次员工成行的是伊斯卡公司董事长埃坦·贝尔特迈亚。当他获知被伊斯卡购并的TANGOROI自愿退职员工有到以色列旅游的愿望后立即表示，"TANGOROI现在是我们的家族成员，现在虽然经营形势仍旧严峻，但我们要有长远眼光，希望尊重员工的心愿。"他提出，这100名员工旅游的所有费用由公司来承担。这项决定令正陷入困境的TANGOROI上下十分感动。

伊斯卡在刚收购了TANGOROI，经营业绩尚未出现起色的情况下，还决定对TANGOROI在福岛县的主力工厂提供100亿日元规模的设备投资。TANGOROI社长上原好人说，“如果没有伊斯卡的这个投资，TANGOROI光靠裁减100名自愿退职者肯定还是不能渡过难关。”

“我从没见过这么好的企业。”这是美国著名投资家沃伦·巴菲特对伊斯卡的评价，这位投资巨擘在2006年以40亿美元购买了伊斯卡80%的股份。向巴菲特出售股份以后，伊斯卡获得了巨额的资本收益。此时，贝尔特迈亚董事长又做出了一个惊人之举：“赶快寻找所有自1952年创业以来曾在伊斯卡工作过的人，以便向他们发放公司礼金。”尽管已有好多老员工已不在人世，但伊斯卡还是千方百计地找到他们的子女，甚至孙辈，将公司的礼金送到他们的手中。

这个故事正是导致世界首富沃伦·巴菲特出资收购以色列伊斯卡公司的真正原因，这家公司隶属于古老的韦特海姆家族，是世界金属切割工具行业的龙头企业。这笔生意是巴菲特在美国之外最大的投资，不仅显示了巴菲特对高素质企业精神的推崇，也显示了他对投资以色列的信心。巴菲特在接受以色列最大的报纸《新消息报》时说：“我相信以色列的市场和以色列的经济，这是投资的最好时期。”当巴菲特被问及这项史无前例的投资为何选在以色列这样危险的地方时，他非常坚定地回答:“我们生活在一个危险的世界。在俄克拉荷马城有危险,在马德里有危险,在伦敦有危险,在曼哈顿岛一样也有危险。”巴菲特凭借其敏锐的洞察力看到了以色列的潜力。

出人意料的是，华人首富李嘉诚旗下的高科技创投基金也以五笔投资成为以色列创投市场的新贵。一向在地产和通讯领域以大手笔投资闻名的李嘉诚突然发力以色列高科技创投市场，让人非常惊奇。在以色列生活过的中国人一般都熟知有个叫 Orange 的电信品牌，其推出的以个性化服务和收费标准较低的电信业务，深受年轻人的欢迎，已经成为以色列最大的电信公司。不过很少有人知道这是李嘉诚的公司，这位华人首富每天都在大笔赚着最精明的犹太人的钱。以 13.81 亿美元高价卖出股份，以 1.25 元低价回购，用了不到三年的时间，李嘉诚净赚 97.9 亿港元，真不愧为投资超人。除此而外，李嘉诚还把投资的触角延展到以色列的基建（港口)、海水淡化和能源领域，紧接着李嘉诚还发力以色列的创投行业，成立 HV 创投基金，重点开发互联网图像视频软件，并在高科技创投领域被奉为“华人创投教父”。让犹太人也开始佩服中国人的商业智慧。

广东以色列理工学院（TGIT）是由广东汕头大学

与全球知名的以色列理工学院合作办学，该学院已获李嘉诚基金会捐资 1.3 亿美元（约 10 亿港元），这也是以色列理工学院有史以来获得的最大一笔捐款。广东省政府和汕头市政府将拨款 9 亿元人民币及一块面积达 33 万平方公里的土地，支持 TGIT 建设与初期营运开支。广东以色列理工学院是一所全新理工学院，将引领中国大学在工程、科学和生命科学等领域的教育进程，推动研究与创新。

2013 年 9 月 29 日，在李嘉诚先生亲临见证下，以色列理工学院校长 Peretz Lavie 教授与汕头大学执行校长顾佩华教授，在以色列特拉维夫签署合作备忘录，共同创办 TGIT。合作备忘录将会递交以色列理工学院和中国有关部门批核。

TGIT 于 2014 年度学年开办土木与环境工程和计算机科学的学士课程。以色列理工与汕大又会合建一创新中心，成为一座发展的桥头堡，把广东工业直接和以色列的创新科技对接，让以色列创新科技进入中国，并与中国共同研究、开发和引领新技术。TGIT 将以英语教学，而教职员将会从全球大学的科研人员中招聘。

李嘉诚先生参与签约仪式时说：“在今天变动不居的年代，‘科技’本身就是那支迷人魔术棒，内含成就转变的威力，产出成千上万种新选择，新想法与新对策，也能为存在已久的问题带来新的解决方法。然而发挥魔术棒的威力，取决于魔术师本身的能力修为，真正的魔法潜藏在思考的创造力中。要在竞争中开创胜局，要释放人类的潜能，要构建一个知识丰富的社会，让大家享有可持续的优质生活；投资教育失当，不推行改革是对未来的罪行，'投资'教育就是创造未来。"

以色列理工学院于1912年创校，在纳米科技、生命科学、干细胞、水资源管理、可再生能源、信息科技、生物科技、物料工程、太空和工业工程以及医学等领域上，备受全球肯定，并一直引领着世界科技发展的潮流。以色列理工学院在上海交通大学著名的世界大学学术排名位列百强，也是全世界仅10家曾经组建及发射人造卫星的大学之一。过去有3名教授先后获得诺贝尔奖的殊荣。目前该学院的学生毕业就业率达到100%。以色列理工学院是以色列科学、技术与应用研究方面的顶尖中心，在MIT 2013年全球技术与创新体系大学排名中名列世界第六，其中"在艰难条件下创建创业与创新体系"排名世界第一。

在李嘉诚基金会的大力支持下，2014年以色列理工学院在中国增加招生名额，并首次在广东招生。以色列理工学院拟在广东招收40名学生，入读该校"王牌专业”土木与环境工程学士学位课程，全英语教学，4年本科学习全程在以色列。招生的程序和要求是：学生直接向以色列理工学院提出入学申请，除了填写申请表之外，需提供高中1至3年级的成绩单、两封推荐信、高考理科成绩、英语水平考试成绩、个人申请短文，并参加该校组织的面试。

由于和汕头大学有合作关系，以色列理工学院招生的面试、英语测试以及暑期预备课程都将在汕头大学举行。面试主要是考查学生报读以色列理工学院的意愿、对未来的规划以及是否具备在该校学习和生活的能力；英语测试委托汕头大学英语语言中心组织，如果学生有80分以上的托福成绩或者6.0以上的雅思成绩，则不需再参加英语测试；为期16周的暑期预备课程是以色列理工学院国际生入学前必须修读的课程(数学、物理、英语)，也在汕头大学进行。

毫无疑问，“以色列理工”是世界上一流的理工学院，比MIT毫不逊色，以色列在高科技和自然科学领域方面能够领先于世界，同“以色列理工”的努力是分不开的。当年李先生创办“汕头大学”，成为自己商业帝国的“黄埔军校”；而今李先生再次投资重金，除了能够赢得以色列政府和广东政府的信任外，更为自己的商业帝国走向未来储备人才，绝对是高瞻远瞩。

许多所谓的“资本家”之所以昙花一现，主要是因为他们只想利用资本投资迅速发财，而不想成为真正的“资本家”，而推动人类进步的强大动力恰恰是真正的“资本家”，而非玩资本撞大运、贪求急功近利的鼠辈。李嘉诚为什么能成为华人首富？同他的远见卓识是分不开的。正如以色列总统佩雷斯先生所言：“远见必须取代经验，最稳妥的办法就是放胆一试。”

在数世纪的深受迫害之后，犹太人的才能不仅没有被扼杀，而且得到了可持续的发展。邪恶的反犹主义不仅没有让犹太人灭亡，反而让犹太人更加团结、更加坚强、更具有忍耐力，并人才辈出。正如德国哲学家尼采所言，反犹主义的价值就在于“迫使犹太人为他们自己设定更高的目标”，为了生存他们要与别的民族同样优秀，甚至更加出色。此外，由于各扇大门长期对他们关闭，他们被迫为自己创造机遇，并成为“世界公民”，变得更加精明和更具适应能力。他们把流浪当作向全世界汲取智慧和布道的机会，面对反犹主义的仇视与迫害，不仅回归了上帝对他们的“应许之地”，还把这片土地从荒凉的沙漠创建成世界高科技之都。与此同时，每一个犹太人将绝望变成喜悦，透过黑暗获取光明，将贫穷变成富有，对传统进行创造，像地下的煤一样不仅顶住了压迫，还变得像钻石一样坚强和熠熠生辉。正如美国世界犹太裔理事会主席杰克·罗森在其新著《犹太人的大梦想》一书中所说：“犹太人的坚持——以及他们对现状的不满——使得他们坚信可以通过政治和社会变革来克服被压迫的命运……作为偶尔被容忍、经常被迫害的少数民族，加速调整进入现代特别符合他们的利益。犹太人认为，一个社会越自由，犹太人所受到的待遇就越好。”很显然，没有人比犹太人更像犹太人。在资本时代，他们是最富有创造力的企业家；在被隔离时代，他们是最有经验的流亡者；在专业时代，他们是最熟练的专业人员。几乎每一个犹太人的成功故事，都像一个把柠檬变成柠檬汁的过程——如何把被压缩的状态发挥到最佳。把劣势变成优势，这就是全部犹太奇迹的核心。

1.3 发现和引导市场需求

在以色列建国之初，是一个典型的农业国家，他们最主要的标志就是向全世界出口了很多柑橘，由于柑橘的产地在雅法，所以柑橘的品牌名称就被命名为雅法古城的城市名字 Jaffa。但是，不足半个世纪的时间，以色列在高科技领域，尤其是在信息通讯领域，取得了举世瞩目的成就，在古老的耶路撒冷之外，缔造了一座崭新的科技圣殿。他们不仅向全世界兜售柑橘，还向全世界兜售象征高科技的Jaffa。Jaffa是一种新型的计算机语言，以色列人读起来和Jaffa的发音一致。正是因为发现了市场对高科技产品的真正需求，以色列被誉为世界上的“第二个硅谷”。

以色列的国土面积实在是太小了，相当于中国某个省的一个地级市，而且国土资源的质量相当低。他们不仅没有阿拉伯邻国的石油资源，却有一半以上的沙漠和半沙漠地区，而且雨水资源非常稀少。因此，一无所有的以色列人知道，他们能够开发的资源只有每个人的大脑。于是，从建国之初开始，总理本－古里安就意识到“科技立国”的重要意义。他语重心长地告诫人民，应该非常重视科学研究及其成果的应用，不能仅仅是学习抽象的知识，否则以色列将无法生存。以色列流行这样一则笑话：

> 有来自美国、俄罗斯、中国和以色列四个国家的男人，聚到一起。
>
> 一名记者走上前来向他们问道：“打扰一下，请问你们对肉类短缺有什么看法？”
>
> 俄罗斯人回答说：“肉类指的是什么？”
>
> 美国人回答说：“什么是短缺？”

中国人回答说：“什么是看法？”

以色列人回答说：“什么是‘打扰一下’？”

这则笑话非常真实地揭示了犹太人热爱思考的习惯，正是因为这种习惯，让他们在创新和创业的早期，常常能够产生与众不同的想法，并能够发现和引导市场需求。不妨再讲一则笑话，名为《我醒着，我思考》：

一名犹太人和他的马车夫在深夜来到一个盗贼出没的地方，他们住进了一个小旅馆。犹太人让马车夫艾萨克待在车上，看管马匹。

将近午夜的时候，犹太人从窗口喊道：“艾萨克，你睡着了吗？”

艾萨克回答说：“我醒着，正在思考。”

“你在思考什么呢？”犹太人问道。

“我在思考，如果为一幢新房挖一道沟，挖出来的土往哪搁？”艾萨克说。

过了一个小时，犹太人还是放心不下，从窗口探出头来小声说：“艾萨克，你睡着了吗？”

“我醒着，我在思考：当烟从烟囱里升起来的时候，它会在哪消失。”

又过了一个小时，天快亮的时候，犹太

人问道："艾萨克，你睡着了吗？"

"我醒着，我在思考。"艾萨克回答说。

"你又在思考什么呢？"犹太人问。

"我在思考：我整夜都醒着，留神着，可是马怎么都不见了？他们去哪了呢？"

犹太人真是爱思考，整夜都不睡觉，思考着如何渡过生活中的种种艰难困苦，但还是防不胜防啊。但是，犹太人正是在面对各种危机的情况下，让自己的头脑越来越聪明。到目前为止，以色列拥有超过 3000 家的新型高科技公司和小型创业公司，是世界上除美国硅谷以外的第二个高科技企业最为集中的国家。以色列研发的无数产品，在世界上获得领先地位，每天被数以万计的人使用，并成为人类生活不可或缺的一部分：除了为摩托罗拉开发的第一部手机以外，Windows MTg 和 XP 操作系统中的许多部分是由微软公司以色列研发中心开发的，奔腾 MMX 芯片技术，奔腾 –4 微处理器和 Centrino 处理器全部是以色列英特尔中心研制的。以色列的防火墙技术全球领先，航空产业最难以渗透的飞行安全系统是以色列设计的，而且以色列 Teva 公司还发明了能够治疗多发性脑硬化症的一种创新药物。以色列的其他医药公司还研发了世界上第一款形状大小都和胶囊相仿的体内检视仪（口服肠胃内窥胶囊），服用后可以迅速诊断出人体消化系统的病患状况，并应用于癌症的诊断；还开发出第一个柔软的心血管支架 NIR，最大限度地防止心血管疾病的扩散，以色列医药公司 Medinol 是世界上心血管支架一流的设计制造商，类似于这样具有创新能力和市场需求的科技发明在以色列还有很多。此外，以色列拥有农业灌溉和改良种子以及乳品方面的一流创新技术。

正是由于市场的需求和先天的劣势，让以色列将劣势转化成优势，不仅解决了自己的难题，也为以色列的公司进军世界市场打下了良好的基础。奈特菲姆公司是全世界最大的滴水灌溉系统供应商。这家公司创建于 1965 年，他为以色列落后的农业技术架起了一座桥梁，为后来日益盛行的清洁灌溉技术拉开了序幕。辛迦·布拉斯曾是一名建筑工程师，一战期间出生于波兰华沙，20 世纪 30 年代来到以色列，成为国家自来水公司的首席工程师，专门负责解决内盖夫地区的干旱问题。布拉斯滴水灌溉的灵感来自于邻居家后院一棵看起来非常茂盛的树。那应该是非常缺水的一棵树，可为什么如此茂盛呢？这引发了布拉斯巨大的好奇心。后来发现，这棵大树正是通过地下水管缓慢渗透出来的水维持生长的，而当时现代塑料技术刚刚流行，这时布拉斯灵感迸发，申请发明了滴水灌溉技术，并和位于内盖夫沙漠地区的基布兹签订了合作协议，共同开发和推广这项新技术。滴灌技术将农作物的产量提高了 50%，还节约了 40% 的水资源，很快使奈特菲姆公司成为基布兹地区的第一家工业企业，并使基布兹集体公社改变了单一的农业产业结构。从 20 世纪 60 年代开始，奈特菲姆公司在世界节水灌溉农业领域捷足先登，将滴灌技术推广到全球 110 多个国家，横跨 5 个大洲。不仅推动了世界农业的发展，还使许多历来对以色列充满敌意的外国政府也开始向以色列开放外交关系。

以色列是最早承认中华人民共和国的国家之一，于 1950 年 1 月 9 日就正式承认中华人民共和国政府。在此之前，“中华民国”不仅积极支持过犹太人的复国主义运动，还在上海拯救过 45000 名犹太人，因此，中以关系一直非常友好。第一批来中国访问的是以色列高级农业官员波哈莱斯教授，他被称为“柑橘密使”。当时，波哈莱斯教授亲自开创和参与了中以合作的甘肃武威的干旱农业规划，广西的柑橘开发，山东烟台的农作物发展问题研讨等一大批项目。从 1985 年以后，越来越多的以色列公司和企业家到中国来推销他们的农业技术，诸如：河南新乡棉花试验田、甘肃武威沙漠植物园以及广西等地的滴灌和微喷灌试验田等。1988 年，以色列哈谢拉种子公司的优质品种和先进栽培技术在广东省中山市获得商业上的成功。中以合资开发的樱桃西红柿迅速畅销全中国。此外，第一批来华的以色列商业科技专家阿莫斯·尤丹、萨尔·艾森伯格和欧慕然等先生为中以农业合作立下了汗马功劳。以色列第一个滴灌设备生产线也落户中国。

以色列依靠科技进步走上了富国强民之路，被世人誉为二战后的“世界奇迹”。据国际货币基金组织统计，1948 年以色列 GDP 仅为 2 亿美元，但到 2007 年飞跃至进 2000 亿美元，人均 GDP 达到 31767 美元。在许多领域的高科技研究和开发，也达到了国际一流水平，甚至位居世界第一。以色列在独立以来短短 60 多年里，一跃成为世界科技强国，而且发展速度非常迅猛，并具有可持续发展的趋势。

目前，以色列被公认为“创业的国度”，是全世界高科技新兴企业最兴盛的国家。在过去的 60 多年间，几千家以色列初创公司在各个行业崭露头角，像 GPS 导航，樱桃小番茄等。但哪些以色列初创企业真正改变了世界呢？权威机构挑选了 10 项影响世界或者正在改变世界的以色列技术：

1.3D 打印正应用在各行各业。以色列－美国公司 Stratasys 拥有最多的 3D 打印技术并把打印带到了全新水平。Stratasys 可以把当今最创新的主意变成现实，他们可以应用在不同行业领域，从车到衣服到医疗设备。

2. 预测未来。27 岁的以色列理工博士生 Dr.Kira Radinsky 发明了一种软件，可以提前几个月预测出流行病和种族灭绝。通过近 500 年的文献资料，她发现多种历史事件中的强烈关联。她提前几个月成功预测了古巴的霍乱疫情。Radinsky 从 15 岁开始上大学，26 岁获得博士学位，并创办了两家初创公司。

3.USB 闪存是由以色列 M—system 公司发明的，可以协助我们存储文件，创始人将该技术以 16 亿美金卖出，他的存储量是以前的磁盘的 11,830 倍，使存储更便携更安全。

4.Rewalk 旨在帮助那些下肢残疾的截瘫患者可以走路。Rewalk 使用包含专利技术的外骨骼套件，可以让腿机动化带动膝盖和臀部运动，电池充电可以保障全天使用。Rewalk 由电路板和传感器一起控制，不需要借助拴带和开关就可以让患者恢复自主走路。系统通过上身的运动启动第一步，然后再重复步伐确保有效自然的行走。Rewalk 可以站，坐，转身，甚至可以爬楼梯。

5. 在空气中获取电能。Phinergy 发明了一种应用在电动汽车上的铝空气电池，可以 3 倍地加大行驶里程。这种更加环保的高效电池可以大幅减少石油消耗和废气排放。系统主要依据金属空气科技，包含铝空气和锌空气。这种电池取代了之前内置沉重氧气转化设备转而用空气电极直接从空气中吸取氧气。并且做到二氧化碳零排放。

6. 能抗旱的“超级植物”。以色列的研究人员研发的抗旱植物，可以改变当前的全球粮食危机。目前，全球有 40 个国家正遭遇粮食短缺，有 8.7 亿人，也就是八分之一的地球人口长期营养不良。许多国家的粮食短缺是因为干旱。这种超级植物只需要很少的水，产量更大，并且能长时间保鲜。即便持续一个月没有水他们也能正常成长，需水量是正常植物需水量的 30%，因此能在干旱条件下生存。也许这一发明能帮助地球走向免除饥饿的自由世界！

7. 车车 (Car—to—car) 通信，做会说话的汽车。看起来像未来的事情？不过，让汽车相互通信——提高驾驶安全的时代却很近了。半导体创业公司 Autotalks 开发了一款智能芯片，使汽车和交通基础设施可以通过电子信息“对话”。这项技术能够预测交通事故的几率和交通堵塞，然后车辆到车辆 (Car—to—car) 地实时发送警报，通知后面的司机减速或停车。该系统预计在 2015 年投入使用。

8. 永久太阳能电池，让一块电池具备无穷电量……并不难，我们现在就已经有了。以色列电子元件供应商 Sol—Chip 和 Cellergy 两家公司合作开发出一种太阳能采集技术，可用于为无线传感供电，让这些传感器只需少量电池能量或不用电池就能正常运作。这种高性能的太阳能采集器整合了 Cellergy 的超级电容器和 Sol—Chip 公司的太阳能采集技术，可整合于各种设备和应用中，而为短距离无线通讯提供电能。Sol—Chip 推出了世界上第一款能自我充电的太阳能电池 Everlasting，这是一种整合了电池管理功能和充电电路的太阳能电池。虽然目前仅限于输出 8.4 伏特的电力，却足以为大量的户外设备提供电量。

9. 蛇形机器人。有了蛇形机器人（Robot Snake），拯救自然灾害的受害者比以前容易多了。Robot Snake 的独特之处在于可以非常灵活地爬行。虽然移动速度并不十分快，但可以深入灾后废墟的各个狭小角落，还能攀爬20度角的倾斜面。而它的相机可传送回图像，让救援人员了解并控制灾区里的情况。每个接头都配备了电话、计算机、传感器、无线通信和电池，头部携带照相机。

10. “侵入”人类大脑。ElMindA 发明了一种新的自动显示脑部活动功能的方法，即大脑网络激活。该技术主要基于分析事件相关脑电信号。通过对不同领域如数字信号处理，图像理论，聚类分析，模式识别等采用先进的算法，ElMindA 的核心技术能够自动揭示特定大脑活动过程的多维模式，如执行功能，注意功能，记忆功能，疼痛，情感等等。这种新的神经技术，被称为大脑网络激活，用于诊断和治疗大脑紊乱和脑颅受伤，如脑震荡，多动症，阿兹海默症，疼痛，自闭症和忧郁症等。总之，ElMindA 打开了我们的视野，让我们对大脑的认知进入一种前所未见的维度。

以色列最令人期待的一项技术是，一家公司发明了一款“超级充电器”，30 秒就能给手机充满电，充满一台笔记本电脑也只需要几分钟。因为智能手机很容易没电，这项技术满足了很大的市场需求。这款充电器预计 2016 年投产，售价大约 30 美元，合人民币 190 元。当 CCTV 新闻频道公布了这个消息后，许多中国消费者盼望着这项专利早点面世。

以色列的企业家不仅热衷于向全世界推销以色列的技术，还热衷于向全世界推广整个以色列的经济和文化。许多被昵称为“经济晴雨表”的发明家，不仅穿梭在纳斯达克的种子风投公司之间，还穿梭在全世界的科技和医疗领域。他们手里带着一台电脑和便携式投影仪，电脑里下载并储存了以色列几乎所有科技成果的图片，一有机会逢人就展示“强大的以色列”。有时候他们一年要去 40 多个国家，做 800 多场演讲，许多国际知名人士成为他们的听众。正如美国一家杂志的首席执行官所言:“别人都在为自己的公司做宣传，而只有犹太人从来都是为以色列做宣传。”

1.4 努力发挥团队精神

以色列的公司派人出差的时候，一般至少两到三个人，他们非常重视团队精神。在谈判过程中，常常会停下来用希伯来语交换彼此的看法；在演讲过程中，经常三到五个人共同讲一个话题，有时候七八个人也会讲一个共同的话题。只要是共同做一件事，他们彼此配合得非常默契，绝不会出现个人英雄主义或互相推诿的情况。在犹太人看来，我们是一个团队，成功是所有人的成功，失败也是所有人的失败。因此，在实施过程中每一个人都必须发挥出色，尽到自己的职责。如果遇到特殊情况，须及时沟通，不允许出现穿帮现象。因此，创新精神的核心就是“努力发挥团队精神”。

那么，犹太人的团队精神究竟是从何而来的呢？在犹太传说中有一则关于“折箭”的故事：

很久以前，希腊国的国王有三个儿子。这三个小伙子个个都很有本领，难分上下。可是他们自恃本领高强，都不把别人放在眼里，认为只有自己最有才能。平时三个儿子常常明争暗斗，见面就互相讥讽，在背后也总爱说对方的坏话。

国王见到儿子们如此互不相容，很担心，他明白敌人很容易利用这种不和的局面来乘机各个击破，那样一来国家的安危就悬于一线了。国王一天天衰老，他明白自己在位的日子不会很久了。可是自己死后，儿子们怎么办呢？究竟用什么办法才能让他们懂得要团结起来呢？

一天，久病在床的国王预感到死神就要降临了，他终于有了主意。他把儿子们召集到病榻跟前，吩咐他们说：“你们每个人都放一箭在地上。”儿子们不知何故，但还是照办了。国王又对大儿子说：“你随便拾一支箭折断它。”大王子捡起身边的一支箭，稍一用力箭就断了。国王又说：“现在你把剩下的两支箭全都拾起来，把它们捆在一起，再试着折断。”大王子抓住箭捆，折腾得满头大汗，始终也没能将箭折断。

这时国王语重心长地说道：“你们都看明白了，一支箭，轻轻一折就断了，可是合在一起的时候，就怎么也折不断。你们兄弟也是如此，如果互相斗气，单独行动，很容易遭到失败，只有三个人联合起来，齐心协力，才会产生无比巨大的力量，战胜一切，保障国家的安全。这就是团结的力量啊！”

儿子们终于领悟了父亲的良苦用心，国王见儿子们真的懂了，欣慰地点了点头，闭眼安然去世了。

折箭的道理告诉犹太人：团结就是力量，必须努力发挥团队精神。“人以群分，物以类聚”，如果将组织看作是一个完整的人体，团队便是构成人体的各类系统，如消化系统、循环系统等，个人则是组织或团队的最基本的细胞。否定个体，整体就不复存在；否定整体，个体便无意义。

犹太民族是一个弱小的民族，正是凭借着强大的凝聚力才存活下来并发展至今。无论是犹太共同体或犹太互助组织，还是犹太家族企业的千年不衰，无不体现了犹太人的团结互助和团队精神。

有人说：“发挥团队精神的核心，主要取决于一个领导者的魅力和能力。”因此，要想成为一个真正的领导者，必须努力学习相关的信仰和知识。正如获普利策奖的美国管理学家詹姆斯·伯恩斯说：“自尊的需要与承担社会角色的需要，将一些人推向潜在的领导位置，同时将其他人排除在外。这就是领导的社会根源。”对权威人物的信赖程度是不同的，地位越低的人越少质疑他们的动机。

在二战时的纳粹集中营发生过一个真实的故事，在一个生死攸关的危急时刻，一个人站出来挽救了一群人的生命，使他们得以存活下来：

> 在嘈杂声中，一个声音响起来了，一个名叫弗兰克·布里奇特的人爬上楼梯顶端，清晰而坚定地对着疯狂的众人喊道：“先生们，我们都被困在了这个东西里面。如果想活的话，我们就必须团结起来，就像一个人一样。”在这个特定的时期，布里奇特为人们带来了清凉的信息，疯狂开始止息下来。“请保持头脑清醒，”他要求道，“恐慌会让我们耗去更多的珍贵氧气。现在，请听着，我们都需要静下来，所有的人。”

领导者是有特殊魅力的人，从而激发出一个团队的巨大潜能。那么，犹太教是如何定义“领导”的呢？希伯来语中只有“国王”“统治者”这些词，却没有“领导”这个词。但是，犹太人认为，“一个领导者就是拥有追随者的人，成为一个领导者必定需要有跟随者”。要想拥有追随者，必须具有某些品质，在生命的适当时刻承担起自己的责任。犹太人的领袖摩西在埃及时就具有领导者的特质，后来在出埃及时发挥了杰出的才能，并获得了整个犹太民族的追随。因此，如果你要想学习领导才能，就必须先学会跟随别人，然后再掌握相关的信仰和知识。

作为一个商界的领导，对应的有五项任务：

1. 你必须给员工传授自己的公司文化；

2. 你必须清楚每个员工应该做什么；

3. 你必须保证所有员工都不因孤独而懒散倦怠；

4. 你必须为员工提供技能培训，让他们对公司有所贡献；

5. 你必须让员工有能力在混乱中保持平衡和信心。

在某些时候，信仰比知识还重要。因此，犹太人从一开始就坚信，他们在每一次和别人合作前，必须把期待的结果当作已经存在的现实而付诸行动。这样，往往事半功倍。就仿佛婚姻一般，你无法在确定今后是否能过上幸福的生活之后和彻底了解你的配偶之后才去结婚。你是否结婚，完全取决于你的信仰和信心。

“领导”的进退两难之处在于，当两种矛盾无法调和时仍然能保持心态的平衡。领导者真正的威信和权力来自于他对员工真正的关心。例如，二战时，只要一想到同盟国士兵的伤亡，丘吉尔就无法平衡内心深处的悲哀。当德国发动闪电战的时候，他看到他们被炮火摧毁的家园和那些站在废墟上英勇抵抗的人们，就禁不住痛哭流涕。与此相似，任何一个领导，都需要将下属视为整体的一部分和独一无二的重要的人，使他们在服从制度的同时，保持自己的个性。要想方设法让他们感觉到你对他们的关心，要想方设法让员工在效率和休息之间找到平衡，这样才能获得他们对你宝贵的忠诚。正如莎士比亚通过哈姆雷特所言：

> 真正的伟大，
> 并不完全是只为轰轰烈烈的大事奋斗，
> 而是肯在一些区区小事中，
> 力争一份荣耀。

这就是所谓的“细节决定成败”。商业生活中最激动人心的一面，就是要学会如何应付变化和面对挑战，一个成功的领导要拥有综合的素质——这些素质中除了要学会跟随以外，还包括要有勇气向别人阐述和展示你的前景规划，确保短期目标和长期目标之间的平衡，以及运用肢体语言，显示你的自信和气魄，并学会抛开笔记进行演讲等等。

打造好一支团队，事业就成功了一半。一个优秀的团队不仅需要一个优秀的领袖，更需要一群追随者和拥有共同梦想的人。团队不仅需要激发每一个成员的创造力，还需要用情感和精神把大家紧紧凝聚在一起，同时还必须制定出每位成员共同遵守的目标和游戏规则，并在不断的实践中发挥和激发每位成员的潜能与智慧。

谷歌首席执行官埃里克·施密特说过："参加过叙利亚战争的以色列坦克指挥官是世界上最优秀的工程指挥官。他们执行力最强，而且一切以细节为导向。这是建立在实战经验基础之上的——兢兢业业，敏于观察。"尽管每一支部队都在倡导随机应变的战术，但真正在战争发生的时候，不仅需要一个头脑非常清晰的指挥官，还需要一群具有独立思维能力和随机应变的个体。因为战场的情况任何人都无法预料，遇到紧急情况的时候，没有一个课本可以提前告诉你如何应对和解决危机。

在以色列的军队中，只有屈指可数的几名陆军上校，而副官或者助理人员的数量却很多，因为在紧急情况下，一个团队只能有一名指挥官做出决策。美国军队中高级军官占整个部队的比例为1:5，而以色列国防军中的比例仅为1:9。再加上以色列的指挥官在战场上必须身先士卒，所以中级指挥官的死亡率很高。在打仗的时候，他们常常手臂一挥高喊道："弟兄们，大家跟我一起冲啊！"而有些国家的士兵在打仗的时候，连长也会手臂一挥高喊道："同志们，大家给我上啊！"战士们在前边冲，指挥官跟在后边。

对于以色列来说，每个人的生命是最重要的，因为他们缺少总领土、总人力、总时间和总预算这四个"总"。正如一位以色列企业家所言："如果缺少总人力的话，我们就什么事也干不了，因为我们不能像其他国家那样，养活那么多的军官。"因此，在以色列的军队，当局放权给每一个普通士兵的力度非常大，甚至让以色列的领导人也会大吃一惊。1974年，在以色列总理拉宾第一届任期期间，以色列国防军情报部一名女战士被恐怖分子绑架，当时拉宾最担心的就是"一个普通的女孩怎么能知道那么多至关重要的机密信息呢？"因此，以色列不仅关注每一位士兵的生命，也关注他们的独立思考能力和应对危机的能力。判断一个人能力的高低，不仅仅在于你能提供多少新的想法，还看你是否能够和自己的团队亲密合作。

在以色列的企业中，几乎所有的人都服过兵役，这种团队精神早已融入他们的血液中。

1.5 不放弃任何机会

犹太人逃离欧洲前往最终目的地——美国的时间比第一批到达美国定居的清教徒晚了几年，可追溯到 1654 年 23 个葡萄牙犹太人从那些致力于驱逐、迫害他们的葡萄牙手下逃脱，抵达新阿姆斯特丹港，也就是现在美国的纽约。他们逃离欧洲不仅仅是为了追求信仰自由和躲避不公正待遇，还为了寻找新的商业机遇。据说发现新大陆的哥伦布就可能有犹太血统，而且他的重要助手有两三名都是犹太人。正如孟德斯鸠所言："哪里有钱，哪里就有犹太人。"也可以这样说，哪里有机会，哪里就有犹太人。犹太人从来不放弃任何机会。美国不仅仅是欧洲人发现的新大陆，也是犹太人的机会大地。许多欧洲犹太人很早就漂洋过海，到美国寻找发展的机会。美国给犹太人提供了一块发展潜能巨大的空间。

著名作家菲茨杰拉德在其经典小说《伟大的盖茨

比》中描述美国是“一个清新和稚嫩的乳房”——一个没有旧欧洲的仇恨和狭隘的地方，一个可以给予那些在别的地方遭受歧视之人公平机会的地方。对于犹太人来说，机会意味着祝福和恩赐，给他提供一个巨大的舞台。所不同的是，虽然犹太人在欧洲也曾经获得了巨大的成功，但是反犹主义还是如影随形，尤其是二战时希特勒的残酷迫害，让他们不得不逃往美国。美国的繁荣和大批的犹太人的到达有很大关系，他们不仅从社会的边缘跻身于美国的上层社会，还为美国的繁荣和富强做出了巨大的贡献。

一百多年前，当来自欧洲的移民乘船到达美国时，第一眼看到的就是纽约港口的自由女神像。女神像底座上镌刻的就是这首不朽的十四行诗《新的巨像》。而这首诗的作者，就是美国著名的犹太女诗人爱玛·拉扎勒斯。

不似那铸成铜像的希腊诸神
征服者的双腿横跨两岸
在这浪拍夕照的大门
将矗立起一个伟大的女人
她手中的火炬是囚禁的闪电
她的名字是“流亡者之母”

她灯塔般的手臂闪耀着对全世界的召唤
温柔的目光俯视着连接双城的海港
她呼喊着，张开沉默的双唇：
“古老的土地，留下你华丽的传奇
给我送来你疲惫的人，你贫穷的人
你渴望呼吸自由的芸芸众生
让他们来吧！
被你丰饶的海岸推走的不幸的人们
被风暴席卷、无家可归的人们
在这金色的大门边
我为他们举灯照明。

其实，在自由女神像的背后，不仅留下了爱玛的名字，还留下了普利策、凯瑟琳·格雷厄姆、李普曼、阿道夫·奥克斯、路易斯·布兰代斯、卡多佐、波斯纳、戴维·鲁本，以及哈罗德·伯尔曼、亚伦·德萧维奇等人的赫赫大名，他们为美国和全人类的新闻出版自由和司法正义做出了不朽的贡献。

没有普利策，就没有自由女神像。1883 年，法国雕塑家精心雕塑了自由女神像，却因经费不足难以施工。普利策不仅亲自捐款，还在《世界报》上呼吁民众捐款，最终使这项伟大的工程于 1886 年圆满竣工。

他与那些只想勒索房租而不管房屋维修的贫民窟房东做斗争，与欺诈的警察和行为可疑的政客做斗争，并且取得了胜利。甚至连他的竞争对手赫斯特也不得不承认，普利策是“我们国家生活中一股最强大的民主力量”，是“国内外新闻界的一座灯塔”。正如他自己所言：“永远为进步和改革而战；永远不容忍不平和腐败；永远与各政党蛊惑民心的政客做斗争；永远不依附于某个党派；永远反对特权阶级和掠夺公众利益者；永远不要丧失对穷人的同情心；永远对公共福利尽职；永远不满足于单纯地印刷新闻；永远要绝对地独立；永远不惧怕抨击坏事，不管做坏事的是巧取掠夺的富豪，还是故意搞破坏的穷人。”1875 年他在一次政治集会上的一番话依然那么惊人地切合现实：“在这个国家，金钱势力的增长已大得惊人，它与政府的种种联系以及它对政府的兴趣令人深感忧虑……但愿我们的华盛顿政府永远不会屈从于百万富翁的权利而漠视数百万民众的意志。”

如果说普利策是一个唐·吉诃德式的理想主义者，那么，《纽约时报》的创始人阿道夫·奥克斯同样是一名理想主义者。他不仅几十年如一日坚持“只登正当合理之新闻”的办报原则，而且努力创造一个独立、客观、负责、诚实、富有尊严和值得信任的大众媒介。

他用事实证明，高发行量、高利润和高品质新闻是可以并行不悖的。在奥克斯的影响下，《纽约时报》虽历经百年风雨仍然风格不改，成为一个巨大的报业帝国。它不仅是一份报纸，而且是一家社会公共服务和慈善机构。至今，奥克斯的一句名言还被雕刻在《纽约时报》行政大厅里他的半身铜像的下面，他名言的原意是："公正报道新闻，无所惧，亦无所私。摆脱两党偏见，摒弃宗派分歧，不受利益所惑。"这句话被奉为《纽约时报》的言论原则。1935 年 4 月 8 日，奥克斯逝世，他所在的查特努加市全城降半旗致哀，美联社送往全世界的电波默哀两分钟。

凯瑟琳·格雷厄姆则受命于危难之际，在自己父亲创办的《华盛顿邮报》奄奄一息的时候扭转乾坤，被称为全世界最有权威的女强人和犹太女人，因为正是她搞垮了尼克松。她敢于坚持真理，捍卫新闻出版自由，为自由女神增光添彩。

在《世界报》写过评论文章、又在关键时刻支持过凯瑟琳·格雷厄姆的犹太人中，有一位伟大的新闻记者和专栏作家。他一生中写出了总数超过 1000 万字的时政文章，不仅约见过赫鲁晓夫，还与罗斯福共进早餐，与丘吉尔一起讨论过二战进程，并被戴高乐奉为上宾，还与肯尼迪讨论美国国务卿的人选。他以自由的思想征服和影响了世界，受到美国政府以及各国首脑和外交机构的高度重视。他就是美国最伟大的新闻记者沃尔特·李普曼。他曾说过："这是一个生活乐趣太少的世界。在这个世界中,现代人的暴行更加肆虐,但是某些邪恶也同样有所减退——在这个世界中，人类平等的权利已经植下了根基。唯有进步，才使世界变得更加人道与合乎理性。这是我们唯一可以用来衡量世界的标尺。"正是李普曼及其同道，成为美国社会进步的标杆和伟大的制衡力量。

写在自由女神像背后的，除了新闻自由以外，就是法律和正义。它是资本主义社会留给整个人类的伟大遗产，其中浸透了犹太人的心血。在今天，纽约和华盛顿著名的律师事务所合伙人当中，有 40% 是犹太人。在历届美国最高法院的大法官中总共出现过 7 位犹太裔大法官，他们是布兰代斯、卡多佐、法兰克福特、高德伯格、傅德斯、金斯伯格和布莱尔。布兰代斯一生捍卫民众自由，反对国家侵犯公民的权利，被誉为"人民的律师"。在他的专著《别人的钱》中，他还大力抨击托拉斯和金融寡头，认为他们不仅控制了市场，钳制了舆论，甚至还左右了法律。美国总统罗斯福在谈及股票市场时，一般都会援引布兰代斯这样一句话："公开应当被推荐为消除社会和工业弊病的补救方法。阳光是最好的消毒剂，灯光是最有效的警察。”

犹太人常常被看作“机会主义者”。他们习惯于流浪生活的反复无常和艰难困苦，也能很快适应反犹主义者的歧视，并能把非常有限的机会发挥到极致。当他们获得了借贷的机会，就很快成为银行家；当他们获得了买卖的机会，就很快成为优秀的商人；当他们获得发言的机会，就迅速变成一流的新闻工作者。他们不仅服务于犹太同胞和社区，也服务于整个人类社会。他们依靠的不是他们的天才，而是他们的文化传统和拼搏精神，他们把劣势变作优势，化腐朽为神奇，不断地驱动，不懈地努力，因为在他们的眼中“机遇只依附于能力”。

要正确理解犹太创新精神的根源，就必须认真了解犹太人的传统和历史。正如许多大屠杀的幸存者所说：“如果我能从希特勒和他的毒气室里幸存下来，那么还有什么事情做不成功。”也就是说，犹太民族之所以成为不屈不挠的民族并具有强大的创新能力，并不是由于“他们被允许活下去，而是因为他们不允许被活下去”。当新世界无限制地为他们敞开通往信仰、真理和法律的阳关大道时，他们发现并创造了无数个新的机会，在金融、医疗、钻石、法律、影视、电脑、新闻出版、服装玩具、美容、通信、娱乐、风险创投和高科技等无数领域成为执牛耳者。一句话，犹太人的成功就是“走别人没有走过的路”和“走自己的路”。正如一位犹太学者克里夫茨在《犹太人与钱》一书中所言:“无论是流浪给犹太生活带来的颠沛流离，还是现实生活的种种限制与包围，迫使犹太人在不知不觉中必须处理一个最基本的问题，那就是：如何生存和发展。”也就是说，正是极大的苦难和几千年的颠沛流离，培养了犹太人极强的生存能力和适应变化能力，以及把握机会的能力。他们不仅能够不断地产生新的想法，还能够发现和洞察市场的需求，并想方设法利用团队的力量去满足这种需求。如果不能如此，便意味着死亡。

1976 年 6 月 27 日，一个星期日的下午，一架从特拉维夫飞往巴黎的法航 139 次 A300 型“空中客车”大型喷气式民航机在雅典被 4 名恐怖分子劫机。据特拉维夫的民航监视器显示，该航班时速 800 公里，平飞高度 8000 米，载有 245 名乘客和 12 名机组成员。

这一天，以色列内阁正在召开会议。下午 1 时 30 分，即 139 航班被劫持后 5 分钟，最年轻的阁员、运输部长雅可比就向内阁报告了这一事件。他特别指出，在机上的乘客中，有 83 名以色列籍犹太人。

在以色列总理拉宾的动员下，迅速成立了由国防部长佩雷斯、摩萨德局长霍菲、外交部部长阿隆、运输部长雅可比、总参谋长古尔将军组成的应急指挥部。

遵照霍菲的命令，以色列最大的情报机构——摩萨德开始在世界范围内，捕捉有关法航 139 航班和乘客的消息。

两小时之后，潜伏在利比亚某地，代号“女妖”的摩萨德特工，发回第一份密电：“被劫持的 139 航班 A300 客机已在利比亚班加西机场着陆并加油，似有再次起飞迹象。”

午夜，一名打入巴解组织上层的情报人员来电称：已查明，激进的巴勒斯坦组织“解放巴勒斯坦人民阵线”，策划了这次劫机行动。该组织重要干部瓦第阿·哈达德医生为行动直接指挥者，飞机将被劫往乌干达。

霍菲对哈达德的名字并不陌生。在情报部门的“巴解组织危险分子”档案里，42 岁的哈达德是一名狂热的国际反犹太游击队领导人。在他指挥下，其部下曾于 1972 年 5 月劫持过一架比利时萨伯纳航空公司的客机。

整个以色列都被这突如其来的劫机事件搅翻了。

这时，法航 139 航班已经进入乌干达恩德培上空，被维多利亚湖三面包裹的恩德培半岛从空中看去，就像一个从乌干达本土割下来的金皇冠。

劫机者们雀跃欢呼。

停机坪已经被由乌干达总统阿明率领的一支精锐乌干达伞兵包围。在其支持下，劫机分子将全部乘客扣为人质，押往恩德培机场候机楼。

6 月 29 日，乌干达国家电台广播了劫机者的一份声明，要求立即释放被关押在以色列、西德、肯尼亚、瑞士、法国的总计 53 名“革命者”，作为释放法航 139 航班人质的条件。乌干达电台还广播：出于正义和人道主义，乌干达总统阿明愿意在劫机者和以色列之间充当“公正调停人”。

6 月 30 日，全体以色列内阁成员默默无言地坐在总理拉宾的官邸里。三天以来，内阁会议已经举行了好几次，但没有一次议出结果。 紧接着，他们接到由乌干达政府转交的一份劫机者的最后通牒。劫机者声称：如果以色列政府在 7 月 1 日下午 2 时前不做出满意的答复，他们将每小时处死 1 名犹太人质，直到以色列政府答应条件。

10 分钟后，“以色列建国史上一项最屈辱的决定”，在无人反对的情况下被通过了。内容是与劫机恐怖分子谈判，并呼吁他们把 7 月 1 日的“限期”推迟到 7 月 4 日。

知己知彼方能百战百胜。7 月 1 日当天，摩萨德的特工人员，化装成商人，分乘两架以色列航班，抵达与乌干达毗邻的非洲国家肯尼亚。晚间，即由陆路秘密越境潜入乌干达。

仅仅一天时间，摩萨德便搜集到了乌干达军队和劫机分子的如下情报：乌干达军队总兵力两万一千人，拥有坦克、装甲运兵车 270 辆，大口径火炮 60 余门，包括米格 -17、米格 -21 在内的各型飞机 80 余架。乌军兵力二分之一部署在恩德培和首都坎帕拉之间。恩德培机场附近，驻有两营机械化步兵，装备若干防空火炮和坦克，平时，担任机场警卫任务的执勤分队不足 70 人。

按照美国一以色列秘密情报协定，美国中央情报局也发来了有关恩德培机场的最新情报：机场新旧两条跑道的长度、宽度，机场油库位置及贮油种类，关押人质的旧候机大楼外观及内部布局，驻场警戒部队防空主火炮、坦克、兵力配置详图，机场雷达种类、数量和“盲区”特点、民航班机进场要领等。

经过反复磋商，以色列军方最后下定了用武力解救人质的决心。

当军方送来关于“乌干达夜航计划”的报告后，总理拉宾不动声色地说，“它将决定 83 名以色列人质的生死命运。”作为一个久经沙场的老军人，他深知“乌干达夜航计划”所面临的巨大危险和困难。

拉宾手中的笔似有千斤之重，几次欲在计划上签字，但最终还是犹豫了。拉宾的担心不是没有理由的。在所有的人看来,军方制定的这个“乌干达夜航计划”，也就是派遣突击队突袭恩德培机场，营救人质的作战计划实在是太冒险了。

乌干达位于非洲腰部，距地处西亚的以色列约有4000 公里的距离。稍有地理常识的人都知道，整个东半球才有几个四千公里呢？且不说这中间还隔着埃及、苏丹、索马里、埃塞俄比亚、沙特阿拉伯等国家。这些国家全是渴望把以色列从地图上永远抹掉的国家，尤其是容留劫机恐怖分子的乌干达本身，就是个最狂热的反犹国家。

乌干达总统阿明，原是英军皇家复枪团的一名军官，身体魁伟、作风强悍、擅长拳击，曾多次获得英军重量级拳击冠军。骄横的阿明，曾不止一次地嘲笑那些在阿以战争中屡战屡败的阿拉伯将军“软弱无力”，并表示，迟早要让不知天高地厚的“犹太佬”，尝尝他的“乌干达铁拳”。

在这种情况下，以色列突击队一旦踏上乌干达土地，它面临的对手，就将不再是几个劫持飞机的恐怖分子，而是一个国家和它的全部国防军。

力量悬殊之巨，已经超出了常人想象，在这样的情况下，与其说是去战斗，不如说是去送死！

“出其不意，攻其不备”这是以色列军队的传统。拉宾最后下定了决心。“乌干达夜航计划”正本扉页上多了一行希伯来文字，那是拉宾的亲笔签名。

当拉宾把这一纸千钧的计划还给总参谋长古尔时，神情变得严肃而深沉：“突击队指挥官是谁？”

古尔双腿立正：“总指挥由伞兵司令薛姆龙担任，袭击分队指挥官是乔纳森·内塔尼亚胡中校。”

在突击队出发前，拉宾与全体军官握手后，来到薛姆龙面前，“我想问你一句，这次行动会不会失败？”

“失败不属于以色列！”薛姆龙立正高声回答。

“有一点我要重复一下。”古尔说：“全部作战行动必须在 4 日凌晨 2 点半前结束。那时英国不列颠航空公司的‘子爵号’伦敦—毛里求斯航班将在恩德培机场降落，以色列不想惹恼大英帝国。”

这时，薛姆龙的老上司，曾任以色列南部军区司令的现任摩萨德局长霍菲打来电话说，他可以给薛姆龙一点帮助。

按照霍菲的指点，薛姆龙和内塔尼亚胡驱车驶向一处神秘的地方。

40 分钟后，他们停车了。距他们停车处 20 码开外，霍菲和几名随从正向他俩走来。

薛姆龙和内塔尼亚胡钻出汽车时，简直不敢相信自己的眼睛。

荒凉的沙漠中，一座土木结构的大型机场赫然出现在眼前，就像阿拉伯神灯唤来的宫殿。看得出这是模型，但却与真正的恩德培机场形状完全一致。

“好好看看吧！这就是你们将去的恩德培机场。”霍菲在一旁不无得意地说。

“多么精确，连一级台阶都不少！”内塔尼亚胡在“候机大厅”前，从内心发出由衷的赞叹。

他知道，这一切，都是根据摩萨德特工和美国提供的卫星照片突击搭置的。

在神通广大、无往而不胜、以色列举国引以为自豪的“耳目”摩萨德和现代科学技术面前，一切都难以隐瞒。

“我们已经尽了最大努力，现在就看你们特种部队的了。”霍菲说。

远处，“梅卡瓦－1型”坦克往来驰骋，烟尘冲天。近处，是摩萨德便衣警戒线，三三两两的便衣特工在沙丘和灌木丛中时隐时现。

霍菲同他俩分手时说：“这一带已被完全封锁，明天你们把部队带来训练。你们还有整一天时间，但是，这也是唯一的一天。”

在老上司面前，薛姆龙感动得流下了眼泪。火热的太阳煎烤着大地。即将万里远征的以色列反恐怖特种突击队正在进行最后的战前演练。在声嘶力竭的呐喊中冲锋、卧倒、射击、爆破、擒拿，头戴红色贝雷帽的士兵们，全都像发了疯一样不知疲倦地反复冲杀着。没有命令，中止进攻就是犯罪。冲锋时，任何一丝迟疑都意味着耻辱。哪怕前面是刀山火海，也只能拼着头颅死命一击。

的确，这是一次空前的远征！横跨大洋的远征。4000 公里的空中距离密布着十余个敌对国家，而一支不到 300 人的突击队，却要从这布满荆棘的险途中神速穿越，其艰难程度可以想象，又不可想象！

的确，由于高科技在军事领域的革命性进展，分毫不差的精密雷达连空中一片金属屑都不会放过，更何况一个庞大的军用机群。在现代战争中，任何一次“超国界行动”，如果没有钢铁的翅膀都将是难以想象的。

为了支援“乌干达夜航计划”，以色列空军慷慨献出了自己的精华：5 架 C-130“大力士”军用运输机、8 架 F-4E“虎”式喷气式战斗机、2 架“波音 707”远程运输机。

机群在红海最窄处的德曼海峡猛然右转，以超低空突防方式，纵贯吉布提领空，取道埃塞俄比亚，进入肯尼亚空域。担任指挥和野战医院任务的两架“波音707”降低高度，在肯尼亚内罗毕埃姆巴卡西军用机场降落。

与以色列一直保持良好外交关系的肯尼亚政府事后说，由于以色列是世界民航组织成员国，故按国际法惯例，肯尼亚政府不能拒绝其民航机在内罗毕机场紧急降落的请求。

经过7个多小时的飞行，以色列突袭机群按计划，在夜里10时45分，乌干达时间11时45分抵达恩德培机场上空。远远望去，整个机场灯火通明，毫无戒备迹象。

机舱里铃声大作。“战斗警报！”全体突击队员持枪一跃而起。

扩音器响了：“我们现在恩德培机场上空，机群准备强行着陆。”

停放在飞机后舱中的所有装甲车、吉普车随即发动起来，浓烈的汽油味立刻充斥了整个机舱，轰鸣声响成一片。

此刻，恩德培机场塔台雷达已经发现了这群不速之客。

“Where from？ And where to？”（哪里来？

到哪里去？）塔台飞行监察官用熟练的英语在国际民航通用频段上发出一连串询问。

“这是东非航空公司航班，我们从以色列运来了劫持者要求释放的巴勒斯坦人、请允许降落。”

以色列人的回答十分流利，因为谎言已经重复练习了上百遍！

“C-130”一号机一面与指挥塔周旋，一边率先降落。接着，另一架“C-130”二号机以一种急不可待的姿态，尾随进入跑道。在一片轰鸣声中，“C-130”三号机也在刚刚启用的新跑道上着陆成功。

指挥塔里一片欢呼。骄悍的以色列终于“屈服”了！

急于报功的人们立即拿起电话，想抢先把这消息报告阿明总统，但电话却打不出去。

按预定计划，从23点起，摩萨德已经切断了机场与外界的所有联系。

狂热的情绪，驱使他们仍在孜孜不倦地拨号，他们不知道，胜利的梦与他们早已无缘了，而一个噩梦，却带着死神正向他们逼近——数百名武装到牙齿的以色列军人来了，他们跨越4000公里，突袭一个国家，一个首都，一个机场。

内塔尼亚胡把油门踩到极限，车如离弦之箭，直扑候机楼大门前，内塔尼亚胡根据不同任务，将自己所率地面突击队分成了4个突击组。

第一突击组35人，由自己率领，乘三辆装甲车，以神速动作突击候机大楼，抢夺人质；第二突击组30人，乘装甲车攻击塔台和军用停机坪。停放在机场的乌干达军用飞机，对返航的以色列机群威胁很大，必须将其全部摧毁在地面；第三突击组36人，负责夺取机场油库并为自己飞机加油，同时伺机夺取法航A300“空中客车”；第四突击组有两个任务：一是随时准备增援第一突击组，二是在通往机场的重要道路上设伏，阻击乌干达援军。

恩德培机场旧候机楼内灯光昏暗。惊恐万分的人质们迎来了第6个难以入眠的夜晚。劫持他们的恐怖分子昨天就向他们宣布：如果以色列当局在最后期限，仍不接受他们提出的条件，他们就将每隔4小时处决一名人质，直到以色列政府就范或是将人质斩尽杀绝！

11时50分，内塔尼亚胡的吉普车旋风一般出现在候机大楼门前。几名突击队员在疾驰的车上突然开火，准确的射击，使十几名担负外围守卫任务的乌干达士兵全部毙命。

“卧倒！”一声凄厉的希伯来语的大声呼叫带着不容置疑的威严响彻大厅四壁，并立刻产生巨大的回响。顷刻间，所有以色列人质部听懂了这只有他们才能明白的命令，赶紧趴在地上。

一幅奇特的画面出现了。夹杂在人质群中的劫机恐怖分子，和十余名乌干达守军顿时像海潮退尽后的礁石，裸露在以色列突击队员的枪口前！

这里的战斗只持续了45秒钟便告结束。劫机恐怖分子和乌干达守军全都被打死，突击队无一伤亡。唯一不够理想的是，两名来不及卧倒的人质被误伤。

在猛烈的爆炸和冲天的烈焰中，乌干达空军精锐不复存在。攻击塔台的战斗进行得却不顺利。顽强的乌干达守军经过一阵慌乱之后，调整了部署，在来自指挥塔上的猛烈侧射火力掩护下，驻守机场的乌军开始了有组织的反击。

苏式“卡尼什科夫”冲锋枪射出的绿色光弹、加上“PIIL”火箭筒，还有打平射的四杆高射机枪，在以色列突击队前进的道路上交织成弹幕，压得他们抬不起头来。

在这关键时刻，内塔尼亚胡把人质全部送上飞机后，率队赶来支援。在他的指挥下，反坦克导弹和火箭第一次齐射，就打哑了乌军几个重要火力点。正在集结冲锋的乌军步兵，失去了火力掩护后正待撤退，刚好遇上以色列突击队转移火力，几十支冲锋枪像刮风一样射出的子弹，立刻使成群的乌干达士兵扑倒在机场坚硬的混凝土跑道上。

凌晨2时，阿明正在昏睡。宽大的席梦思软床上，躺着他和两个妖艳肥硕的白种女人。这个拥有数百名“妃子”的昏君，素以“淫魔”著称。

彻夜纵欲加上为解决人质问题而提前结束非统组织例会急速返国的旅途劳累，使得此时这位昏君正鼾声如雷。

7月4日凌晨。一支由阿明亲自率领的乌干达装甲纵队，隆隆驶进已成一片残垣断壁的恩德培机场。他们刚好赶上为以色列人送行。最后一架C−130大力士飞机唱着歌，像一只斗胜的公鸡，从他们头顶5000米上空掠过，盘旋两周后，转而向南凯旋而去。

当天下午，阿明接通了特拉维夫的电话，他抗议以色列突击队对乌干达机场和军队的“野蛮袭击”。

突袭恩德培行动成为世界军事史和民航反恐怖袭击史上的成功典范，充分体现了犹太人运筹帷幄的能力和团队精神。对犹太人来说，常常处于生死的边缘，机会稍纵即逝。如果不能很好地把握机会，就不可能生存。

因此，在丹·塞诺和索尔·辛格所著的《创业的国度》一书中，他们把以色列的创新精神和企业家精神的来源归结为“以色列在世界上的不确定性和不稳定性”，以色列的成功出现在所有可以公平竞争的领域。他们认为，以色列的座右铭是“你越要禁锢我，我越要证明我可以出去”。无论如何要寻找机会，必须获得成功。“以色列人会很自然地拥抱互联网、软件、电脑以及电信的角斗场……在这些行业里，国界、距离以及运费都变成无关紧要的事情。”事实上，创新和智慧才是他们的核心竞争力。

第二章 悬崖边上的挣扎——以色列精神

一个年轻人问一个得道的老者："智慧哪里来？"智者说："精确的判断力"。年轻人又问："精确的判断力哪里来？"智者说："经验"。年轻人再问："经验哪里来？"智者说："错误的判断"。

——中国段子

2.1 拥有梦想，拼命地寻找未来

她是全球最成功的女性之一。

她锋芒毕露，让Facebook三年内收入增长9倍，创下一个个惊人的销售奇迹。

她是美国薪酬最高的女高管，被美国媒体誉为"硅谷最有影响力的女人"。

她身居《福布斯》百强女性榜第5名，荣登美国《时代周刊》封面人物。

她就是全球最著名的社交网站Facebook的首席运营官谢丽尔·桑德伯格。

她是Facebook创始人马克·扎克伯格的左膀右臂，具有天生的管理才能。她在2013年3月在美国出版了自己最新力作《LEAN IN》，诉说自己的人生里程和伟大理想，激励全球女性勇敢地追求自己的人生目标，并实现事业与家庭生活的完美平衡。

谢丽尔·桑德伯格同马克·扎克伯格以及2013年举行的“习奥会”所在地安纳伯格庄园的建造人安纳伯格一样，都是犹太人和著名企业家。

谢丽尔·桑德伯格于1969年8月26日出生于美国华盛顿，先后担任过克林顿政府财政部长办公厅主任、谷歌全球在线销售和运营部门副总裁，现任Facebook首席运营官。桑德伯格于1987年到1991年在哈佛大学攻读经济学专业，哈佛大学第27任校长劳伦斯·萨默斯担任她的论文导师，后于1995年获得哈佛大学商学院MBA学位。萨默斯也是一位犹太人，是1970年诺贝尔经济学奖得主萨缪尔森的亲侄子和1972年诺贝尔经济学奖得主肯尼斯·阿罗的亲外甥，他的父母都是哈佛大学的经济学教授。1991年—1993年，萨默斯成为世界银行的首席经济学家，桑德伯格担任其助手；1995年萨默斯成为克林顿政府财政部副部长，桑德伯格担任其首席幕僚；1999年，萨默斯升任克林顿政府财政部长，桑德伯格担任其办公厅主任。时年29岁。民主党输掉2000年大选后，桑德伯格决定搬到硅谷。

在桑德伯格的新书里，她剖析了女性为什么会在通向领导决策的路上停步不前的根本原因，并提供了合情合理的解决方案，借以帮助女性挖掘自身的潜能。她主张女性要学会“设限”和抛弃“拥有一切”的幻想，将职业目标与个人追求有机地结合起来，她告诉女性“能做什么”与“不能做什么”。她非常坦诚地向大家打开心扉，袒露了自己的不安全感和不自信的原因：“我仍然会害怕自己无力应对一些情况。有些日子里，我仍然会觉得自己像是一个冒名顶替者。有些时候，仍然会有人轻视我的观点，居高临下地跟我说话，而坐在我旁边的男性却不会遭到这样的待遇。但是现在我知道该怎么做个深呼吸，继续举着手要求发言。我已经学会了如何跟男性领导者平起平坐。”桑德伯格的不安全感是一种典型的犹太式的不安全感和危机哲学的体现，他们拥有梦想的目的就是寻找美好的未来。当年她从白宫辞职到谷歌工作的时候，曾在内心斗争了好久，当时谷歌首席执行官埃里克·施密特曾语重心长地对她说：“在选择工作的时候，唯一重要的标准就是——它是否会让你快速成长。”当时，有其他的工作机会似乎比谷歌更加诱人，但是她把职业的选择同个人成长的价值紧密地联系在一起。

桑德伯格是典型的东欧犹太家庭出身，她的祖父是一个小涂料生意商。在她们全家为生计苦苦挣扎的时候，她的祖母挺身而出，大显身手，扭转危机。不幸的是，她的祖母在 40 多岁的时候，被诊断出有乳腺癌，然而，最终祖母不仅战胜了癌症，还开创了一项新的产业。祖母坚忍不拔的精神深深地留在了桑德伯格的记忆里，她回忆说：“我从未遇到过比我祖母更有精力和毅力的人。当巴菲特谈到他只是在和全世界一半的人竞争时，我想到了祖母，如果她出生在半个世纪以后的今天，会拥有怎样不同的人生呢？”

很显然，犹太人是独一无二的。他们作为世界上最早的一神论者，早在《圣经》记述的年代里就独一无二；后来背井离乡，浪迹世界，不仅生存下来，还创造了辉煌的犹太文明；他们抵达美国，开始新的冒险征程，并最终获得了前所未有的成功。他们用自己的行动和理想，证明了自己的价值，让自己从到处受到排挤和歧视的身份，变成成功、富有和智慧的象征。他们把追求知识和智慧作为集体的理想，把修复残缺而不完美的世界作为人生的目标，并用自己的行为做出了伟大的尝试。正是这些传统，造就了每一个犹太人都敢于拥有梦想，并拼命地寻找未来。在犹太人的心目中，信心就是不会害怕后天会发生什么不测。重视当下，并不顾一切超越今天和明天之间的门槛。信心只知道什么是有可能得到的，所以，就能拥有一切。信心只会向前走，让他们可以克服一切困难，把恐惧和胆怯尽早排除在大脑和心灵之外，并让坚韧的意志无限量地循环。金钱对于他们来说，只被当作一块机会、教育以及财富的敲门砖。赚钱只是一个过程的副产品，而过程更为重要。如果一个人对所从事的专业没有兴趣，并缺乏献身精神，甚至憎恨自己的工作，在这种消极状态下要想获得成功是不可能的。在满足一种需要的过程中，要逐步培育一个人的职业自豪感，从而最大限度地发挥他的潜能，金钱的回报自然就会出现。金钱可以增加影响力，但必须追求恒久永远的文化理念和普世价值观。

对于一个犹太人来说，梦想正是他的现实。没有梦想，就不可能拥有未来。尤其是在几千年的流亡过程和集中营里，他们被夺去做人的尊严，置身在火葬场和毒气室里发霉的地板上，在残酷的现实中唯一的力量就是发挥自己的想象力。正如心理学家弗兰克尔在《追寻生命的意义》一书中所提到的，在绝望的深渊里，唯一的希望和营养就是微不足道的梦想和狭小的想象力。他写道：“满是伤口的脚塞在破靴里，脚上的伤口痛得我快哭了出来。然而，我还是迎着凌冽如冰的刺骨寒风，跟着长长的队伍摇摇晃晃地走了数公里的路程，从集中营一直到工作场所。我在心里不断描绘着悲惨的集中营生活中微不足道的惦念。”他拼命地想象着今天晚餐会吃什么，大概会有一段香肠或者一块面包吧？他日日夜夜不断地思考着这个问题，并被这个无解的问题折磨得几乎要呕吐尖叫。突然，他开始灵光一闪，难道不能换一种思维方式吗？他开始幻想着自己站在一个既明亮又温暖的豪华演讲厅的讲台上，他的面前坐在舒适座位上的是热情倾听的观众。他演讲的主题竟然是集中营的心理学，他把自己所受的折磨与挫败用一种旁观者的心态去看待，并从一种学问的角度来观察和描写，他把痛苦的经历转化成一种自己颇感兴趣的心理学研究课题。弗兰克尔后来幸运地逃生，并实现了自己的梦想，成为一名伟大的心理学家。他正是运用非凡的想象力，实现了当时看来非常不切合实际的目标，真正地走向了未来。

而在现实生活中，犹太人也正是运用这种方法拼命地寻找未来。莎拉是三个孩子的母亲，是出生在中国上海的犹太人后裔，曾带着自己的孩子回到以色列，谱写了一个现代孟母的传奇生涯。她在自己的教育学自传《特别狠心特别爱》中讲述了自己的故事：她共有三个孩子，大儿子以华、二儿子辉辉是“70后”，小女儿妹妹是“80后”。他们从小就树立了自己的理想，他们希望给自己的母亲“三把钥匙”。在十六七岁的时候，他们就仿佛商量好的似的，叽叽喳喳地对她说：“妈妈，您给了我们三把钥匙——坚强、自信和宽容。我们三个人也要给您三把钥匙！”大儿子说：“妈妈，我要给您一把车钥匙，您的脚总因为骨刺疼，我要让您不再那么辛苦。”二儿子辉辉说：“妈妈，我要给您一把别墅的钥匙！我们全家人都可以住在一起。”三女儿妹妹最小，也抢着跑过来说：“我是女人，一定给妈妈一个保险箱的钥匙，里面装满珠宝首饰。”现在莎拉孩子们的梦已经实现了一半，以华2001年结束服兵役后，进了以色列劳工部，现在香港工作。辉辉在以色列国防部服役三年后，成为一名传统的钻石商人。小女儿妹妹已经读大学了，她的理想是将来做一名外交官。2002年的时候，23岁的辉辉果然交给莎拉一把位于上海张杨路的别墅钥匙，别墅是他用工作上挖掘的第一桶金买下的。

二儿子辉辉的人生有太多的精彩，在他读大学的时候就已经成为上海滩崭露头角的钻石小犹太。他大学毕业以后，就自主创业，获得人生第一桶金，成为为数不多的完美切割钻石生产商的合作伙伴，在全球20多个国家设有分公司。他在30岁以前就已经成为真正的百万富翁。大儿子以华也把他曾向母亲许诺的汽车钥匙交给了莎拉。虽然以华从小非常内向，但是他在以色列上学的时候就开设了一门“走进中国”的讲座,凡是购买门票的同学,就可以免费品尝中国春卷,他用创意营销扩大了莎拉春卷生意的影响力。后来以华毕业于上海外国语大学，不仅学习成绩优异，而且人品也受到众人称赞。从小在犹太家教的熏陶下，他成为一名早熟的孩子。2007年，而立之年的以华重新选择了钻石生意。对于莎拉来说，最让她欣慰的并不是孩子们送给她的三把钥匙，而是他们对父母的一片感恩之心。如果全天下的父母都能培养出善解人意的孩子，这是他们最大的欣慰和满足。

希伯来语诗人索尔·特切尔尼乔夫斯基在《信条》一书中写道:“笑吧，尽管去嘲笑我的梦想！我的梦想最终会实现！”只有梦想才能通向未来。如果财富只是用于满足个人的私欲，那就说明梦想者并没有理解财富真正的价值。只有当财富用来帮助他人，财富才成为无价之宝。因此，每一个犹太人都会种植鲜活的生命之树，为真正的未来播种。有这样一则《塔木德》

故事：有一天，一个名叫霍尼的人在路上遇到一位老者在种角豆树。霍尼问道：“请问这树要多长时间才能结果？”老者回答说：“需要70年才能结果。”霍尼又问：“70年后您还能享用这树的果实吗？”老者再次答道：“在我出生之时，这个世界就已经长满了由我的先辈们种下的角豆树。与他们一样，我也要为我的后代植树。”每一个犹太人都在为他们的后代植树，于是人类生生不息，智慧之树万古长青。

在中国，“成功”并不是一个所有情况下都是褒义色彩的词汇。而在犹太人心目中，成功是每一个人的责任和义务，很正常。不成功才是不可思议的。当谢丽尔·桑德伯格第一次参观Facebook办公室的时候，发现墙上到处贴着鼓励员工走向成功的标语海报，其中有一张海报这样写道：“机遇青睐敢于冒险的人。”而谢丽尔最喜欢的一张海报是：“如果心无恐惧，你会做什么？”2011年的时候，纽约一所著名文科女校邀请她参加学校的毕业典礼并发表演说，谢丽尔告诉孩子们，他们应该有雄心，不仅仅要勇于追求自己的梦想，还要争取在未来的领域中成为佼佼者。她控制着自己不要流下眼泪，非常诚恳地告诫孩子们说：

过了今天，你们就开始了成年人的生活。

在出发时，你们就要定下高目标，并不断努力——要非常努力。就像这里的每个人一样，我对这个毕业班的成员抱有很大希望。我希望你们找到生命中真正的意义、快乐和激情。我希望你们能安度艰难时光，并收获更强的力量与更坚定的决心。我希望你们能平衡自己的生活，睁大眼睛去仔细寻找。我还希望你们怀着进取心，在事业里全心投入，去掌控世界。因为世界需要你们去改变它，全世界的女人都在指望着你们。

所以，问问你们自己：如果没有恐惧，我会做什么？然后，放手去做。

谢丽尔·桑德伯格和每个人都握手拥抱，孩子们的面前展现出一片蔚蓝色的天空。

2.2 智慧和创新是核心竞争力

美国学者曾经对亚洲人和欧裔美国人的智商做过研究，得出的结论是：亚洲人的智商要高于欧裔美国人，尤其是亚洲人的操作能力略高于欧裔美国人，主要是基因所致；但亚洲人的高智力成就主要来源于刻苦努力和辛勤的汗水，而与智商无关。后来，美国学者哈罗德·史蒂文森还对三个不同城市的学生进行过研究，这三个城市的社会经济水平非常接近：日本仙台、中国台北和美国的明尼阿波利斯市。研究人员随机从一年级到五年级的学生中挑选出部分学生进行抽样调查，然后对他们进行了智力测验、阅读和数学水平测试，最后得出的结果是：五年级时美国孩子的智力水平明显低于亚洲孩子，亚洲孩子的数学成绩也远远高于美国学生，而中国台湾的孩子和日本的孩子的数学水平大致相当，美国数学成绩最好的学校的水平仅相当于亚洲最差的学校的水平！

智商不是导致差距的关键所在，美国学校或美国儿童与亚洲学校或亚洲儿童最大的区别在于学习的积极性问题。一般来说，日本孩子每年上学的时间是240天，而美国孩子上学的时间是180天。亚洲学生学习方面非常刻苦，而美国学生则非常懈怠。按照中国人的传统，一个人的学习成绩高低主要取决于两大原因：一是天赋，二是孩子刻苦努力的结果。因此，面对失败坚持不懈成为亚洲人自我提升这一传统重要因素。中国人也是如此，一个男孩如果聪慧好学，在考试中能够取得优异成绩，不仅能获得显赫的官位和丰厚的收入，还能够给他的整个家族带来荣耀和财富。

此所谓儒家的“学而优则仕”和“书中自有黄金屋，书中自有颜如玉”。

那么，东西方的文化在智力上还有什么差异呢？一些学者经过研究认为，东方人侧重于感性思维和全局性思维，以及辩证思维，并能在完全对立的概念中找出“折中的道路”。而西方人的感知和思维方式则是“分析型”的，他们更多地关注整个环境中的局部，并进行分类和行为模型构建，惯常进行逻辑推理和分析。因此，东方人适合做艺术家和工程师，西方人更适合做哲学家和科学家。比如说，我们给三个单词分类：牛、鸡和草，西方人习惯于将牛和鸡归为一类，因为他们都是动物；而亚洲人则更关注彼此之间的关系，会将牛和草归为一类，因为牛会吃草。犹太人虽然属于亚洲人，但其思维方式受到西方文化的影响和渗透，将感性和逻辑完美地结合在一起，再加上他们一贯以来重视教育和鼓励孩子提问，所以每个人的智商都比较高。就拿物理学中的量子力学理论来说，其矛盾之处令许多西方人非常头疼，但和东方人却很契合。著名的犹太物理学家尼尔斯·玻尔就将自己做出的量子假设归功于自己对东方哲学的深刻领悟，而“夸克之父”盖尔曼的巨大发现也和他对佛学中“八正法”的精通是分不开的。

根据科学研究和对人类进步的贡献，犹太人的平均智商显然是最高的。在所有颁发给美国人的诺贝尔科学奖中，犹太人占到了将近40%的比例，而犹太人在美国总人口的比例不足2%；“菲尔茨奖”被公认为国际数学界的诺贝尔奖，其美国获奖者中有将近34%的数学家都是犹太人；在美国的常春藤名校中，有33%的学生都是犹太学生；还有差不多同样比例的犹太人在名牌大学里任教；最高法院中有30%的书记员是犹太人。令人惊讶的是，从1950年到2000年间，犹太人获诺贝尔奖的比例还在不断攀升。犹太人获诺贝尔奖的比例占全部诺奖得主的比例为22.35%。当然，犹太人的成就还不只局限于智力方面。根据波兰1931年进行的人口普查，犹太人占波兰总人口的9.8%，但是却掌握着这个国家22.4%的财富。在第一次世界大战以后的4年里，有超过70%的营业执照都是发给犹太人的。到1929年时，45%的大中型商业企业都在犹太人手中。到了1938年，这一比例增加到了55%。20世纪30年代中后期，纺织、化工、食品、交通运输、建筑材料和造纸行业的所有者中犹太人占据了一大半。

那么，犹太人的高智商究竟来源于何处？遗传的因素肯定是有的，但是没有权威的科学依据。按照一般的理论，犹太人之所以具有超凡的智慧有五大原因：

一是因为“迫害的馈赠”，由于犹太人长期流浪，许多智商低的犹太人惨遭杀戮的概率较大，留下的都是精英；二是因为“磨难的馈赠”，几乎所有幸存的犹太人都是在压力中变得越来越聪明；三是“嫁给学者”的原因，最富有的商人的女儿都愿意嫁给学者和拉比（犹太教中的老师和神职人员），我称之为“强强联合”和“优化组合”效应，人口素质和平均智商有可能提高；四是由于“信仰上帝并能阅读和理解《塔木德》”的原因，上帝为犹太人打开了信仰的通道，《塔木德》为犹太人打开了思维的通道；五是因为“职业的压力”，正是由于他们生存压力巨大，不得不提高自己的财商和技能，平均智商因而获得逐渐提高。

当然，犹太人为什么聪明和有智慧的原因绝不止这些，本书的最后一章还将进行认真的论述，它将成为一个非常有价值的学术课题。在过去的3000年中，犹太民族对人类文明的进步产生了巨大的贡献，而其总人口却只有1300万左右，的确令人惊叹不已。按照古老的犹太传统，犹太历史上最具独特意义的单一事件就是上帝于公元前1360年在西奈山将“摩西十诫”写在两块石碑上，赐给了犹太民族。这一事件的发生，实际上标志着犹太人接受了一项重大而神圣的使命，上帝要让他们成为“外邦人的光”，从此承担修补和改造世界的使命，这成为每一个犹太人所必须遵循的价值观，也成为他们获取成功的基础所在。而要想真正地修补和改善世界,必须通过对《托拉》（即《圣经·旧约》，或“摩西五经”）的学习而获得智慧，而最高形式的智慧，则是良善、对知识增长的热爱和激情。正如爱因斯坦所言：“为知识而追求知识，几乎狂热地酷爱正义，以及要求个人独立的愿望——这些都是犹太人传统的特征，并使我为自己属于它而感到庆幸。”而著名哲学家摩迪凯 · 开普兰也说：“犹太教的全部预想和全部目标，是致力于改变这个世界。或者更确切地说，是致力于教导这个世界。毋庸置疑，这个任务来自对上帝的信仰和对人的信仰。”因此，犹太人在散居的 2000 多年中，对人类进行布道，对犹太知识和思想进行传播和完善，并从西方哲学中获得了巨大的营养，成为观念和创新方面的行家里手和急先锋。而那些曾经迫害过犹太民族的人，如古埃及人、巴比伦人、希腊人、罗马人，中世纪的十字军以及 20 世纪的纳粹分子，早已统统消失在历史的长河之中。

于是，以色列继承了犹太人的传统，将智慧和创新当作国家的核心竞争力。创造力是推动科技、文化、金融和教育的原动力，它需要智慧、知识、思考形态、人格、洞机和环境情境。无疑，智慧在创造力的培养中起到举足轻重的作用，也是以色列获得成功的主要因素。那么，是什么让以色列成为“创业的国度”和“智慧的国度”呢？原因很多，诸如：一、以色列有受过良好教育的劳动力，每万人中有135名工程师，普通劳动力中有24%的人拥有大学文凭，以色列一个小小的国家拥有7所世界一流大学；二、以色列超强的国防力量，以色列国防军训练有素的毕业生成为高科技发展的主力军，再加之尖端的国防科技被转为民用，他们在高科技方面的优势迅速体现出来；三、大规模移民的政策，在20世纪90年代早期，以色列吸引了全世界和苏联将近100万的犹太人回归祖国，其中将近40%的人是科学家、工程师和专门的技术人员，并拥有学位；四、以色列的经济稳定而成熟，年通货膨胀率在2%左右，增长率为4%，人均GDP超过3万美元，其现代化的基础设施适合于发展创新科技；五、政府不断的支持，以色列政府已经采取了很多激励措施，鼓励并支持对高科技创新项目进行投资，包括退税、政府拨款、建立科技孵化器等等；六、以色列人的特性和商业价值观，有助于风险投资业的成功；七、以色列的高科技企业数量居世界第二，拥有3000多家高科技公司和新创业的公司，科研力量世界一流；八、强大的首次公开募股渠道，截止二十世纪80年代晚期，以色列只有少数公司在纳斯达克上市，到2000年在美国股市交易的以色列公司数量位列世界第三，仅次于美国本身和加拿大。

犹太商人之所以聪明，并驰骋于世界经济舞台，这和犹太人对聪明和智慧的态度有很大关系。他们不但非常推崇和器重精明之人，而且是堂堂正正、大大方方地欣赏和推崇，就宛如崇尚金钱和富翁一般。聪明的人不受人唾骂和嫉妒，只要是产生聪明和新奇的好点子就大胆实施，哪怕是失败了，绝不会被别人在背后指指点点。有则犹太笑话正反映犹太人这种聪明和智慧的心态：

美国和苏联两国成功地进行了载人火箭飞行之后，法国、德国、以色列也纷纷拟定了月球旅行计划。一切登月设备都制造完毕，下步该是挑选宇航员了。

招考人员先问应征的德国人，在什么待遇下才肯参加太空飞行。

德国人回答："我需要3000美元，1000美元给妻子，1000美元用作购房基金，1000美元自用。"

接下来轮到法国人回答了："给我4000

美元我才干。1000美元给我妻子，1000美元归还购房贷款，1000美元给我的情人，还有1000美元留着自己用。”

犹太教徒则说：“给我5000美元我才干，1000美元给你，1000美元归我，其余的3000美元雇佣德国人开太空船。”

尽管招考人员不会这么做，但这件事足可以反映犹太人的聪明，他们不必自己去冒风险，只需摆弄数字就可使招考人员、德国人和自己都达到目的，这不能不说是一种聪明之举。客观来说，他们既没有盘剥德国人，而且德国人仍然可能如愿以偿得到3000美元，也没有像法国人那样公然地把妻子和情人一视同仁,以致越出“合法”的界限。至于犹太人自己的开价，既然允许自报，他报得稍高一点也无可厚非，而且还赠给招考人员1000美元，在现在这个时兴回扣的社会中也不足为奇。但在实际生活中，犹太人不但不会这么做，甚至想也不会这么想，这是一种“太过于直露的精明”，以至于降低了犹太人的聪明程度。因为这只是小聪明，还不是大智慧。

这则由犹太人自己编出来的带有自嘲意味的笑话，不但看不出犹太人对自己“太过于直露的聪明”有半点惭愧的意思，还可以看出他们对这种虽无法实现但又可以算作一种聪明的做法洋洋自得的心情。这就足以说明，犹太人把聪明完全看作是一件堂堂正正，甚至值得炫耀的东西！可以说，对聪明的自身发展来说，没有什么比这坦荡的态度更为关键、更为重要的了。犹太人就是在这种自我解嘲的开怀大笑中变得更加聪明而有智慧了。

犹太教认为，上帝为什么偏爱犹太人，因为犹太人是上帝的选民。上帝选择了犹太人，并不是因为他们有多特别，而是因为上帝要让他们为人类承担更多的责任。被拣选不是一份荣耀，而是责任，是一份沉甸甸的责任。犹太民族是一个有知识和有理想的民族，当他们发现土地贫瘠、水源不足时，便把发展方向转向了高科技与创新领域。以色列的创新能力与他们的国土面积不成比例，却与他们面临的危险旗鼓相当。因此，以色列的精神就是一种悬崖边上的挣扎，为了生存被迫比别人更加聪明；为了成为“外邦人的光”，被迫把智慧和创新当作核心竞争力。

一位在以色列上过大学的朋友在一篇文章中说，在以色列经常有60多岁的大妈到大学听课，从头开始学习各种外语是非常普遍的现象。一般来说，一个典型的以色列创业者，大多服过兵役或者经过军事学院的专业训练，然后再通过组建自己的“战友创业团队”来开发自己的产品，或者通过兵役网络开展自己的业务。令人奇怪的是，以色列一家著名创业企业地图公司的创始人从14岁就开始谋划自己创业，而一位80多岁的以色列理工学院化学系的女教授也忙着组建自己的公司，推销自己的人造蛋白项目。对于以色列人来说，年龄根本不是问题，也不是只有年轻人才可以创业，只要有好点子任何人都可以实施。即使不成功，也不会被人嘲讽。有一个非常著名的例子，那就是以色列人把雪卖到冰川上。

在奥地利蒂罗尔州首府以东约48公里的阿尔卑斯山地区的皮茨山谷上方约1100米的地方，有一处正在消失的冰川非常有名。它之所以有名，是因为它的融化速度非常快，每年夏天的时候，为了减慢冰川融化的速度，在冰川上面都会盖上一层巨大的隔热毯，工人们要覆盖大约12万平方米的地方，从而保住1.5米厚的积雪，每年要为此花费12万美元，俄罗斯在举办冬奥会建设滑雪场的时候，也使用了这样的隔热毯。皮茨山谷冰川是奥地利5个春秋季滑雪场中海拔最高的一处，每年来这里滑雪的客人至少有8000万人左右，当地的居民就是靠冰川滑雪来维持生活，许多著名的世界滑雪赛都在这里举行。可悲的是，在2007年初的某个滑雪世界杯赛前一周，滑雪道上连一片雪都没有，结果只能靠直升机进行人工造雪，花费超过 40 万美元。于是，人工造雪发展成了一个 10 亿美元的产业，“雪炮”发射出的人造雪覆盖了奥地利近一半的滑雪场，而每一英亩人造雪需要消耗大约 190 万升水，整个阿尔卑斯山地区人造雪的用水量超过了有 170 万人口的维也纳一年的用水量。据科学推算，每英亩人造雪的耗水量相当于一块小麦田地一个季度的用水量，传统的造雪系统无论如何都不能保证阿尔卑斯山滑雪经济的可持续发展。后来一家名为 IDE 的公司发明了一种非常节能和方便的造雪机，而且造价只有 200 万美元，在任何条件和温度下都可以人工造雪，24 小时造雪量可以达到 1000 平方米。以色列人利用先进的技术和独特的创新能力，终于把雪卖到了冰川上。

曾几何时，智慧和创新将引领以色列更加高速地发展，也成为美国和中国的发展方向。

2.3 脱离现状和安逸

在南美洲玻利维亚的一个小镇上，有一家名叫 E1Lobo 的旅馆，集餐饮、住宿和社交为一体，其经营者是一对来自以色列的夫妇。几乎每一位到玻利维亚旅行的以色列人都会来到这家旅馆，之所以选择这家旅馆，不仅仅是因为这里有独具特色的家乡食品，可以说亲切的希伯来语，能够见到其他犹太同胞，还会收获比这些服务更有价值的东西，那就是可以在这里看到一本书——与其说这是一本“书”，还不如说这是一个每天都处在更新状态中的笔记本。这本所谓的笔记本，是每一个来过这家旅馆住宿的游客的旅行见闻，用现在的话说就是博客或者微博，记录了人们在南美洲的旅行见闻，诸如：哪里的风光最美，哪里的公园不要门票，哪里的风味小吃最好吃，哪里经常会有小偷，哪里的热带雨林出售小船等等，只要每一个游客一翻这本书，就可以很快掌握南美洲的巴西、智利、阿根廷、秘鲁等国家的风土人情，相当于一本南美洲旅行的手抄本或牛皮书。每一个犹太人到了这家旅馆之后，不是首先到前台登记房间，而是急匆匆地先来看这本旅行“圣经”。

这种“书”的出现早于互联网，大约在 20 世纪 70 年代就在以色列兴起了。这家旅馆的“书”出现于 1986 年，那是这家旅馆开业一个月以后的某一天，4 个以色列“驴友”一进饭店就开口问道：“‘书’在哪里？”旅馆的女主人听后一脸茫然。于是，那 4 位“驴友”就对书的事情进行详细解释，说这是一种给后来的旅行者提醒一些注意事项的小册子，同时还可以让客人对旅馆留下一些建议。紧接着，他们就出去买了一个新笔记本，把它送给这家旅馆，同时用希伯来语写下第一篇日记，描写了他们在这个丛林密布的边远小镇的旅行见闻。很快这本书就成为这家旅馆与众不同的“卖点”，而且成为一个地区性的“书的中心”，并很快风靡于南美洲的其他几个国家。后来，这家旅馆共有6本“书”，而且写书的语言也不局限于希伯来语。

1989年的时候，世界著名的旅行杂志《户外杂志》对那本珍贵的书进行了报道，一时间住宿有“书”的旅馆成为以色列青年旅行者的时尚。对于以色列的年轻人来说，由于他们要在高中毕业以后首先服兵役3年，紧接着自费周游世界，然后再上大学，最后才参加工作。大部分以色列人到35岁的时候，至少要游历12个国家，所以旅行成了他们摆脱约束和压抑的最好方式，同时也代表了他们渴望脱离现状和安逸的第一个举动。

虽然以色列的总人口只有800多万，但去国外旅行的年轻人的数量可能是全世界最多的。“当周围都是敌人的时候，生活于其中让人感觉像是一座精神监狱。天空如此开阔，那就出去走走吧。”这些年轻的以色列人渴望冲破枷锁，渴望走向世界。正如《户外杂志》

所言，“(以色列年轻人）承载着全世界流浪者和旅行者最狂放和最先进的信念：走远一点，停久一点，想得深一点。”

对于许多犹太青年来说，他们渴望前去离自己国家远的地方，他们深深地意识到，“正因为太熟悉自己的故乡，所以会忽略一些事物”。他们也渴望在所去的地方停的时间长一些，因为带很少的钱到异国他乡生活，是犹太人的生存本能。他们的父母告诉他们说：“一直被外族驱逐的犹太人，不管到了哪里或不管经过多久，都会对所去的地方保持着一种异乡感。对于所有的事情，无论是大事或者繁琐小事，犹太人都会本能地小心防备应对，并想方设法渡过危机。”犹太人的危机感常常因为他们没有稳固的地盘，并总是在“紧急待命”的状态下生存，他们不知道什么时候会被驱逐，随时都做好被驱逐的准备，因此具有良好的心理素质。犹太人最早也是游牧民族，后来被迫流亡到城市，他们被允许进入的行业有：金融、不动产、商业、医生、律师等，而这些职业都是在城市中生存，属于商业文化的范畴。繁忙而紧张的都市生活影响了他们的智能发育，迫使他们产生迅速反应和顽强存活的能力，以及看清事物和快速思考的判断能力。因为城里人更需要智慧，不像游牧民族和农耕文化那样悠闲散漫。再加之犹太人是真正的少数民族，到陌生的地方居住环境不佳，常常生活在生疏和冷漠的世俗社会中，因而培养并发展出坚忍不拔的意志和智慧，迫使他们对于世界的变化经常保持警醒状态，不管在什么情况下，人生都必须往前多想两步才行。生于忧患,死于安乐。

犹太人的一大生存法则就是：要脱离习惯、安逸和依赖的状态，不论物理上和精神上都必须经常移动。都市生活的快节奏，能够磨炼出更聪明的头脑。远离故乡，不断变换生活环境，成功的机会就会大大增加。许多父母告诫孩子说:“人如果处在自己熟悉的土地上，感觉就会变迟钝。”弗洛伊德之所以能够成为心理学大师，主要是因为他具备两种性格：第一种性格是，不被先入为主的观念和既定观念所束缚的自由——人一旦有了先入为主的观念，就没办法正确认知或进行推论；第二种性格是，要有对抗潮流的精神。犹太人主张凡事都“想得深一点”，因为看不到新鲜的事物，就无法对新现象从不同的角度进行创造性思考。一旦人们在同一个地方呆得太久，人的思维就会被惯性所束缚，只要处于习惯和熟悉的环境，就不可能产生新的创造力。于是，很多以色列的公司设立移动办公场所，或者经常在不同的地方开会，从而刺激他们产生新的思想和方法，变化有利于智力提高。

服兵役对于以色列人来说是人生大事，一般义务兵役始于18岁。犹太和德鲁兹男性服役3年，犹太女性至少两年，以色列是世界上唯一征募女战斗兵的国家。以色列仅有14万全职部队，却有40万预备役军人，他们每年要服兵役4–6周。前陆军参谋长亚丁曾经说过："每一个以色列公民就是每年放假11个月的战士。"犹太、德鲁兹男性和一些女性直到40岁出头还会被应征预备役。每个以色列人的使命就是随时可以进入战斗状态，并保卫自己的国家。很难找到哪一个以色列青年不喜欢前总理拉宾这句话："只有一种彻底的方式来保护生命。不要坦克，不要飞机，只要和平。"但是和平却非常珍贵，迟迟没能让每个孩子摆脱从小就树立起来的危机感。他们的老师常常会告诫他们："如果巴勒斯坦人今天放下武器，就不会再有暴力。如果我们今天放下武器，就不会再有以色列。"

正是因为这种强烈的危机感，给每一个以色列青年带来巨大的负担，要求他们必须学会独立思考和判断，他们必须是哲学家和政治家，并且非常成熟。成熟和士兵生涯通常不能并行，因此以色列的国防军专门有一个教育部门，培训他们如何思考和收集情报。"与其教他们以更好的技术打仗，还不如教导他们反问：'是否有必要杀人'。"最后，每个士兵一手拿着武器，另一手拿着《圣经》和《塔木德》。他们经常会参加这样一个项目，就是军官和士兵一起讨论他们可能面对的道德两难境地，究竟是否应该开枪，究竟什么时候应该开枪。只有他们或其他无辜平民的生命受到明确的威胁时，他们才可以开枪，战争中也应该有人性。军官们经常告诉战士，“一个士兵手持武器，就具有了部分上帝的权力,生杀予夺的权力”。士兵们经常被教导，他们必须避免伤害平民，哪怕这意味着他们必须冒着自身生命的危险。在基础训练中，士兵们总是拿着一张卡片，上面写着他们所应遵守的伦理信条：一、忠实于使命；二、责任感；三、可靠；四、以身作则；五、人的生命；六、军队纯洁；七、专业化；八、纪律；九、忠诚；十、值得代表以色列；十一、同伴友谊。

加沙地带是一个比黎巴嫩边界更糟的地方，经常会发生零星小规模战斗。以色列的士兵经常会和巴勒斯坦人四目相对。巴勒斯坦人恨这些以色列士兵，他们大部分是无辜的平民，恐怖分子就隐藏在他们中间。“那块大石头后面的身影是男人还是女人？他是个孩子。他看上去像个无辜的少年，但是却刚刚那炸毁了一个糖果店。他看上去没有武器，但是等等！运动衫下是什么笨重的东西呢？”你必须研究他的衣着，并在几秒钟内做出判断。“如果你开枪太快，就可能杀死一个无辜的孩子；如果你犹豫太久，就可能和别人一起被杀死。”因此，这些以色列青年经常会处在道德两难境地之中。“我父母说，我入伍时是个孩子，出来时是个男子汉。身为士兵，让我变得更加严肃和成熟。我宁愿不成熟而快乐。我失去了生活中的3年时光。我嫉妒美国18岁的年轻人，他们只是担忧怎么读大学，而不是担心怎么继续活下去。”

“活着，还是死去？”这是莎士比亚喜剧中的名言，经常折磨着以色列的年轻人。好在和平的曙光已经显现，他们开始背着旅行包向陌生的国度出发，他们要脱离现状和安逸，寻找自己美好的未来。“走远一点，停久一点，想得深一点”，这就是以色列的旅行格言。

2.4 强烈的变革精神

我在2010年6月份访问以色列的时候，参加了“以色列风投与高科技之旅”，在开幕式上看到了新上任的以色列教育部长，他的讲话非常能够体现以色列官员的务实和睿智作风。他认为，“判断一个国家的强大，主要是看它在教育方面是否强大。对教育的投入就是对未来的投入。”他上任的主要任务就是想方设法增加对教育的额外投资。以色列在教育上需要很多钱，教师的工资水平应该不断增长。在他任职的第一个月，就决定要使学校全部实现计算机化。一定要增加教师的工资，教师工资的高低决定了青年人是否愿意参加教师这一行业。他提出要考虑办事的效率，要用最少的钱，达到最大的效果和最快的速度。未来，计算机化会作为衡量一个国家发达的标准，尤其是要拿学生的计算机水平来衡量。

他认为，今天我们评价教育的参数，还没有涉及教育的质量，只有通过不断的教育改革，才能逐步提高教育的质量。“现在我们对以色列的考核，主要是安检，但对教育的质量却没有检查。在10年后，教育的质量会影响国家的繁荣。”希望经济学家能够了解对教育投入的必要性。

以色列的高科技非常高速地发展，但教育比通讯和科技还要慢。要使孩子们能够适应高科技发展的形势，并不是简单地配备电脑，而是要把电脑当作工具。并非教育部所采取的每一种方法都是正确的，科技只是工具，但并不是思想。他说，“我们要有真正的项目来引导和支持学生，科技提供基本的信息，但不能取代师生之间思想和情感的真正交流。这是一个对教育最大的挑战，同时也是我们发展和努力的方向。”他认为，高科技的产生应该整合所有的资源，我们一定会对教育改革提供政策。他非常诚恳地感谢科技对教育改革提供的支持。

以色列教育部长的话深刻地体现了犹太人强烈的变革思维和与众不同的观念，它既体现了犹太人先进的理念，同时也体现了犹太人在现实中渴望变革和可持续发展的伟大理想。真正的“美国梦”是一种“民主梦”和“自由平等梦”；真正的“中国梦”是一种“宪政梦”和“教育梦”；真正的“以色列梦”就是“智慧梦”“幸福梦”和“创业创新梦”。但是要想实现这些人类伟大的梦想，都必须通过对体制不断的探索和对教育不断的发展来进行实现。而要想发展就必须将传统与现代完美地嫁接，将理想与现实有机的结合，通过不断的变革来实现可持续发展。

公元70年，当罗马大军在梯图斯率领下攻陷了耶路撒冷城池，放火焚毁了第二圣殿，残酷镇压了犹太民族的反抗时，人们开始担心犹太民族的命运，担心犹太民族在过去上千年历史时期中创造出的独特文明形式——犹太文化的命运。没有多少人对犹太民族及其文化的留存抱有太大的希望，因为当时中东地区的历史已经清楚地表明：没有一个民族能在失去地域联系和流亡状态下将自身的文化传统延续下去，犹太文化的命运自然也岌岌可危，因为“皮之不存，毛将焉附”。客观上说，犹太民族及其以犹太教为核心的犹太文化的确到了生死存亡的关头。

犹太民族如何在失去地域联系的情况下生存？如何在流亡状态下保持自身的统一文化传统？如何才能避免在散居地被主体文化所彻底同化？所有这一切都是决定犹太民族是否能最终留存的关键。面对这样的非常状态，以法利赛为代表的犹太知识分子（后人均以“拉比”称之）力挽狂澜，勇敢地担当起挽救犹太民族的历史重任。他们中的代表人物最初在一个被称为贾布奈的犹太学院聚集，带领犹太民族从文化层面入手，逐步建立起了一整套完备的文化防卫机制，把犹太人重新塑造成一个既不再是主要以种族为取向，也不再是以地域或政治体制为根基，而是以文化生活方式为自我认同标准的民族。在他们的率领下，犹太民族不仅最终完成了《圣经》的正典工作，一劳永逸地锁定了犹太教经典的基础，更为重要的是编撰出了被称为“第二经典”的《塔木德》，为犹太文化的千年大厦树立起了中心支柱。经历了这一过程的犹太民族终于成为人类历史上一支不朽的、以文化为认同准则的“圣书之民”。

犹太教是一个进化、发展的宗教。在漫长而曲折的历程中，犹太教大致经历了圣经犹太教、拉比犹太教、中世纪犹太教和近现代犹太教几个历史阶段。其中值得特别重视的是两次历史性的大变革。第一次是从圣经犹太教向拉比犹太教转变，第二次是发生在19世纪的宗教改革，其结果是现代犹太教各个宗派的诞生。在第二圣殿毁灭前后，以色列民族中代表社会上层和保守势力的撒都该人逐渐失去民心，而以学识渊博、致力改革著称的法利赛人赢得了广大犹太人的支持。两派斗争的结果是代表广大民众利益的法利赛人取得了胜利。有学问的法利赛人被称为拉比，他们按照自己的理解，根据现实的需要解释圣经，解决新形势下各地犹太人面临的种种问题。原来在圣殿中的祭祀仪式被当地圣堂内的祈祷和《托拉》研究所取代，巴勒斯坦和巴比伦等地建立了专门从事《托拉》学习的学校，校长多为著名的拉比。到公元500年前后，犹太拉比们完成了《塔木德》的编纂，从而完成了从圣经犹太教向拉比犹太教的转变。

在中世纪，欧洲各国的犹太人被视为劣等民族，在宗教上受迫害，政治上没有任何权利和自由，经济上受到种种限制。与他们的身体被禁锢于隔都的高墙之内相适应，他们的精神和灵魂也只有沉醉在传统、陈腐的《塔木德》学问的框架中。那时，犹太人居住的隔都犹如“国中之国”，而犹太人则成了所在国人心目中的“外国人”。然而，随着1789年法国大革命的胜利，犹太人的状况却发生了根本的变化。欧洲各国的犹太人先后获得了公民权，享有了和其他民族一样的平等地位，有了做人的自由和尊严。多少个世纪以来梦寐以求的愿望终于在此时得到了实现，这是令他们最振奋、最扬眉吐气的时刻。这就是犹太史上所称的“解放”。解放把犹太人一下子置入一个前所未有的新的社会和文化背景之下，使犹太人开始了一个崭新的时代。

十八九世纪的欧洲是一个理性主义主宰的时代，包括宗教在内的一切意识形态都要依据理性法庭的审判决定何去何从。犹太教当然也免不了这样的命运。同时，解放以后的犹太人首当其冲面临的是如何调整自己，使自己适应宗主国的社会、文化环境的问题。在这样的背景下，一场对于欧洲来说迟到了的犹太启蒙运动（哈斯卡拉）终于发生了。德国的摩西·门德尔松担当了启蒙的先驱。门德尔松开辟的启蒙运动所追求的目标有两个，一是“冲破隔都的禁锢，把犹太人改革成真正的欧洲人；另一方面，他又希望犹太人继续保持自己的民族特性”。然而这是一个不易兼得的两难目标。正是为了适应启蒙运动目标的需要，德国犹太教内部率先实行了宗教改革。

改革的直接后果是犹太教的分裂。原来统一的传统犹太教逐渐分化出改革派、保守派，以及正统派；在20世纪的美国还从保守派中分化出了重建派。这些不同的宗教派别把犹太人分成不同的阵营，导致了犹太人在宗教观念和生活习俗等诸多方面的差别。这种局面一直持续到现在。

正统派的最大特点是坚持“天不变道亦不变”的原则，拒绝犹太教的变革。他们认为，上帝是永恒的，《托拉》是西奈山的神启，因此，其中的律法一条也不能改变，否则就是异端。他们还相信将来弥赛亚的降临会恢复犹太国家，重建圣殿并恢复献祭礼拜。大致上说，正统派又可分出极端正统派（原教旨主义者）、新正统派和哈西德派。

改革派犹太教的主导思想是带有明显理性主义因素的发展观，即认为犹太教和所有的意识形态一样，必须随着时代变化而变化，应该在发展过程中摒弃那些过时的、不合理的成分，以适应现代生活的需要。改革派把犹太教定义为“完全和科学、理性和谐共存的伦理一神教”，奉行在全世界范围内实现和平、公正和各民族和谐统一的大同主义。他们在改革中废弃了不少中世纪习俗。例如，在圣堂做礼拜时男女混合坐，不用希伯来语而用所在国语言读经布道（现在多为希伯来语和当地语言并用），使用合唱队并引入管风琴伴奏；同时，实行男女平等原则，妇女获得了做拉比的权利，并于1972年开始任命女拉比。古典改革派曾把大同主义和复国主义对立起来，强烈反对犹太复国主义。后古典的改革派改变了这一立场，成为支持复国主义和以色列国家建设的重要力量。第二次世界大战以前，改革派主要活跃在德国，战后则转移到了北美。现在，改革派在北美犹太人中约占42%，是成长最快、力量最壮大的犹太教派。

保守派犹太教是介于正统派和改革派之间的温和派。它的前身是德国的犹太教历史学派。19世纪宗教改革期间，一些德国犹太人认为正统派过分强调传统，忽视了现实生活的需要，而改革派又过分注重现实，没有给予传统应有的地位，因而各自走向了极端。于是他们采取调和折中的态度，主张在过去和现在之间建立起广泛的联系。现在，保守派在美国占犹太人总数的40%，就保守派坚持犹太教律法和仪礼的重要性而言，它接近于正统派，而就其赞同律法的可变性、灵活性而言，它又很难和改革派划清界限。保守派圣堂的用语为希伯来语，礼拜时实行男女分坐，妇女逐渐取得了和男子平等的地位，1985年开始任命女拉比。

重建派是从美国保守派中分化出来的年轻犹太教

派。这个教派的创始人摩迪凯·开普兰认为，超自然主义的正统派、改革派和保守派都不能适应现代性和当代犹太生活的需要，因此必须对之重建，将其改造成为自然主义的、民主型的宗教。他心目中的犹太教是一种进化的文明，上帝、《托拉》和犹太人构成它的三大平等的要素。然而，上帝不是超自然的人格神，而是内在于宇宙万物中的“为了拯救的力”，《托拉》是犹太人经验的记录，其中的律令乃是犹太人的风俗习惯。“拯救”不是来世的永生,而是现世的道德满足。重建派在仪礼上接近保守派，而在理论观点上甚至比改革派还要激进。这个派别主张自由地解释传统，以圣堂为犹太生活的中心，主张宗教生活的民主化，鼓励和支持以色列国家建设。重建派是犹太教最小的派别，约占北美犹太人的 2%，它对犹太人的影响主要体现在意识形态方面。

从历史角度看，犹太人之所以在散居近 2000 年后仍然能够作为民族而存在，多半在于她的宗教和由此而产生的独特的文化和生活方式，而其宗教得以延续和维系的重要原因是欧洲反犹主义的流行和对犹太人的残酷迫害和屠杀。十八九世纪，为数不少的犹太人获得了公民权后放弃了自己的宗教而皈依了基督教，自觉自愿地被同化了。二次世界大战结束后，反犹主义和对犹太人的迫害在遭到普遍谴责后在很大程度上得以平息，有利于各民族相互理解、和睦相处的条件日渐稳固，这恐怕是犹太人世俗化的主要原因。

毫无疑问，同化和世俗化是威胁犹太民族生存的最大问题。但是，没有犹太历史上的几次大改革，犹太人可能被同化得更快。所以，变革是维系犹太人生存和发展的根本，变革思维是每一个犹太人与生俱来的“天性”，因为“不改革和创新就意味着死亡”。一个民族和宗教的发展是这样的，一个社会的经济发展也是这样的。

2.5 与世界和现代接轨

在以色列有两座著名的城市，一座叫耶路撒冷，是有名的世界三大宗教云集的“圣城”；另一座叫特拉维夫，是以色列最著名的现代城市。许多犹太人工作在特拉维夫，却住在耶路撒冷；他们最大的理想是长在特拉维夫，死在耶路撒冷。

一位特拉维夫的富翁病得快要死了，于是招呼两个儿子把自己送到耶路撒冷去，以便死后能像许多犹太人渴望的那样安葬在那里。没想到在耶路撒冷刚住了几天，这老先生的身体竟奇迹般地好了起来。没过几天，他呆不住了，气冲冲地把两个儿子找回来，不耐烦地说道：“为什么还不把我送回特拉维夫去？”两个儿子非常委屈地解释道：“这不是您老人家自己要来的吗？”“废话！”老人气冲冲地说：“那不是因为我快要上天堂了吗！”

这也许是特拉维夫人编出来的笑话，故意讽刺耶路撒冷。比如，有一位耶路撒冷的著名厨师曾对《国土报》的记者发牢骚说，他最讨厌特拉维夫的人到他的餐厅吃饭，因为他们常常还没点菜，就大声地自报家们说：“我是特拉维夫来的。”意思就是说，特拉维夫是世界大都市，我可是见过大世面的，甭想糊弄我。再比如说，特拉维夫市政府把特拉维夫的一块海滩命名为耶路撒冷，这也是许多大城市的惯常做法。但耶路撒冷的人听着就不舒服，你这分明是挖苦耶路撒冷人没地方休闲，只能到特拉维夫的耶路撒冷去。

随便选择100个生活在特拉维夫的人，他们会告诉你特拉维夫的同一个故事；但如果你选择100个耶路撒冷的人，他们会给你讲述100个有关耶路撒冷的不同故事。无论如何，对于现代的以色列人来说，耶路撒冷是犹太民族和全世界基督徒的政治和精神中心；而特拉维夫却代表了犹太人最现代的世俗生活。从某种意义上来说，耶路撒冷代表着犹太人的传统和历史，特拉维夫则代表着犹太人同世界和现代接轨的物质追求；耶路撒冷代表着所有犹太人和基督徒的文化精神归宿，特拉维夫则代表了犹太人通过辛勤劳动和机敏的头脑换取的物质享受。这两个城市的共存是犹太民族在精神与物质、理想与现实、传统与现代、宽容与反同化的冲突中寻求平衡与和谐相处的标志。正如著名华人学者张平教授在《圣地双城记》一文中所写的一样，他曾经陪同两名犹太正统派的哈希德青年参加过一次安息日集会，几百名教徒一晚上只唱了一首歌，那就是“我们将相聚在耶路撒冷”，而且整首歌只有一句:“我们将相聚在耶路撒冷”。几百名哈希德青年整晚上手挽着手，晃动着身体，有节奏地把这首歌唱上五十遍、一百遍，而且一遍比一遍高亢，一遍比一遍激昂，你绝对听不出任何的厌烦和疲倦。

张平教授非常感慨地写道，他整晚上都挽着那两个身穿耶路撒冷长袍的哈希德青年的手，身不由己地跟着他们的节奏一起摇摆和歌唱。突然，他产生了一种幻觉，难道这不是耶路撒冷吗？为什么你明明站在耶路撒冷的土地上，却还一遍一遍地呼唤着耶路撒冷的名字？“即使你已经置身耶路撒冷之中，你还是只穿一半属于耶路撒冷的衣服，只吃一半属于耶路撒冷的食物，因为你从未真正抵达耶路撒冷；即使你祖祖辈辈已经在耶路撒冷居住了100多年，你也还是充满渴望地呼喊着‘我们将相聚在耶路撒冷’，就好像一个从未来过耶路撒冷的人一样。”在耶路撒冷，你永远是个过客，无论你身处何方，都永远有另外一个耶路撒冷在天堂向你招手。耶路撒冷将是全世界犹太人的精神故乡。

犹太民族曾经是一个没有国家的民族，也是一个世界性民族。他们先后在全世界许多地方建立起自己的精神家园，2000年的流散生活，宛如一条屈辱和苦难的长链，串起了人类文明中的黑暗丑陋：犹太人像牲口一样被贩卖，在笼中与猛兽搏斗，剥夺一切做人的尊严，“血祭”、投毒、诽谤，驱逐、杀戮，耻辱标志，一直到希特勒的焚尸炉和纳粹的死亡集中营，从来没有把他们心中希望的火光熄灭，他们不仅渴望着在灵魂上得到救赎，也渴望着在肉体上返回上帝的“应许之地”，并真正地与世界和现代接轨。

在一段时间内，犹太人经常被他们自己和非犹太人、反犹分子和亲犹分子同时认定与这些令人不快的事物联系在一起：市场、普世主义、自利、理性主义和唯物主义。因此，右翼反经济学理论家视犹太人为颠覆分子或篡夺者；左翼反经济学理论家认定犹太人掌握了社会秩序；民族主义的反经济学理论家认定犹太人败坏了民族精神；爱的宗教的反经济学理论家把犹太人看成贪婪者；唯物主义的反经济学理论家认定犹太人是财富的奴隶；非理性主义的反经济学理论家则把他们看成装载着“死气沉沉”的理性主义的容器。甚至一些右翼反经济学理论家认为犹太人侵害或篡夺了旧秩序，犹太人是“高利贷者”，是基督教的敌人，是颠覆旧秩序的“犹太恶魔”和霸占古老贵族的“犹太瘤子”，还有人称“世界首富”罗斯柴尔德家族和犹太人是“冷血屠夫”。左翼反经济学理论家则认为犹太人是当代社会秩序的当权者，是“这个时代的国王”，使“欧洲置于以色列的统治之下。无数征服者梦想的普世统治，最终落入犹太人的手中”。有人宣称，“拿破仑的真正继承者是犹太人”。马克思也在思考相似的主题。离开犹太人的支持，沙皇尼古拉一世和弗朗西斯 · 约瑟夫皇帝都无法生存，“犹太一帝国主义者”已经牢牢控制了全球的经济命脉。还有人指责犹太人并不“劳动”，只会动脑筋和买与卖。著名经济学家松巴特认为，将脑力劳动提升到“艰苦的体力劳动”之上，是犹太人的根本特征之一。反犹分子科贝特则认为，“犹太人不从事手工劳动，却将伦敦变成了商业中心”。连著名的文学批评家卡莱尔也说：“犹太人是坏人。那些不知廉耻的犹太人是什么呢，招摇撞骗的犹太佬？”

他站在罗斯柴尔德的住宅之外，“品味着总有一天会落到他们身上的正义惩罚”。

总之，犹太人被等同于市场、普世主义、自利和理性主义，甚至还有人认为“政治经济学”是“天才的犹太人”“详细规划出来的”，“经纪人”以夏洛克为典型。恩格斯说，犹太商人最喜爱的科学就是政治经济学。那么，究竟是什么原因造成了诺贝尔经济学奖中的“犹太现象”呢？类似的问题还可以问一大堆，因为犹太人在各个领域的伟人和名人也真是太多了，而且在许多领域都独领风骚。包括以色列的崛起，都让许多反犹主义分子和“阴谋论者”恨得咬牙切齿。

每一个犹太人，最多只有一个鼻子，但是作为一个民族对世界产生的贡献和影响，同他们的人口是不成比例的。有时候，正因为犹太人太成功了，在任何领域都享有发言权，反倒主宰了全世界的发展，并引起了很多人的反感和嫉妒，这是很正常的。对于犹太人来说，唯一的自卫措施就是闭紧自己的嘴巴，让自己不再聪明，或到火车站去继续流浪。只有这样，他们才能分散人们的注意力和抵消人们的愤怒。问题是，一旦犹太人再次流亡了，上帝还会选择新的选民吗？正如萨缪尔森所言：“早就有智者指出，不陷入泥潭，就不能登上顶峰。”

从摩西和先知时代开始，就开启了犹太人预测未来的传统。法国有位大预言家，名叫诺查丹玛斯，是全世界公认的“天眼奇人”，也是一名犹太人。他从小就喜欢医学和旅行，这为他日后的预言生涯奠定了坚实的基础。诺查丹玛斯的预言充满人名、时间、地点、事件发生的背景和方式，中间不仅有确切的数字，还有许多有血有肉的细节……他不仅准确地预测了1792年法国路易十六王朝的灭亡，还预言了拿破仑的出现和杀人魔王希特勒的灭亡。是一个地地道道的传奇人物。

作为一名企业家，要想达到诺查丹玛斯的神机妙算恰如天方夜谭，但是，应该透过历史和现实的变化，分析未来的走向，这对于企业和经营有时是至关重要的。正如《塔木德》所言：什么样的人是智者呢？智者是能预测出母鸡下的蛋里将孵化出什么的人，而不是能够预见未来的预言家。智者拥有的智慧就是能够从今天的事件中看见明天的结果。正是因为对智慧的不断追寻，才让犹太人能够迅速地与世界和现代接轨。

在预测未来方面，不同的人确实有不同的能力，这也正如不同的人在弹钢琴或做煎蛋卷等事情上能力不同一样。也正如在烹调或音乐领域，训练和练习确实可以大幅度提高我们在某些领域中的能力。你可能永远也成不了音乐会上的钢琴家，或成为一位优秀的厨师，但是你可以通过训练让自己超越从前。两位政治家丘吉尔和张伯伦的预见能力就有惊人的差异。（丘吉尔后来这样描述张伯伦：他最大的愿望就是成为名垂青史的和平主义者，为了他和他的国家，即使冒再大的风险也在所不惜。但是很不幸，他义无反顾地踏进洪流，但他却无法控制它；面对风暴他无所畏惧，但是他并无力应付它。）1938 年 9 月，张伯伦在慕尼黑拜访了希特勒，并谄媚地称之为“尊敬的希特勒先生”。下飞机时，他耀武扬威地挥动着他那把随身携带的臭名昭著的黑伞，另一只手则挥动着希特勒签过字的那份联合声明。他以为自己为英国带回了和平，但历史证明，他只是个无能的预言家。仅仅在一年之内，丘吉尔警告的所有危机纷纷降临。因此，预测未来的秘诀之一，就是摒弃情感，用理性和知识分析问题。

未来往往是昏暗不清的，边缘光线过强会影响你看见一个清晰的未来图像。就仿佛晚上开车时，你应该尽量不受对面驶过来的车子晃眼的大灯的影响。聪明的美国商人沙欣曾有商场“神算子”的美誉，他预测安达信咨询公司在 20 世纪 90 年代总收入将接近 100 亿美元。1999 年 9 月，他放弃了自己丰厚的退休金，离开安达信公司，加入了刚刚筹划的网上百货商店“Weban”，不仅优先购买了该公司1000万股，还购买了大量的期权和股本。但是，该公司在半年里就亏损了3500万美元，而且在两年内崩溃并申请破产保护，沙欣也被迫辞去了首席执行官的职位。从亚里士多德开始，人们就认为白天站在井底可以看到星星。实际上，白天下到井底根本无法看到星星。幸运的是，隔绝外界的强光，我们只可以窥见未来的微弱光芒。沙欣并不是唯一一个被因特网炫目光芒所蒙蔽的聪明人，正是过分明亮的光线遮住了他的视线。

著名学者帕特里克·亨利说：“只有一盏指引我走路的灯，这就是经验之灯。我知道无法判断未来，但可以根据过去的经历来做判断。”

无论是经验也罢，信号也罢，总之未来是有可能预测的。而犹太教将这一切总结为这样一句话：“过去将会成为未来，你做过的事情将会成为将来要做的事情，太阳下面没有什么东西是全新的。”就表达了这条回顾过去展望未来的原则。19世纪就有犹太法师预言在1948年将会建立以色列王国，并预言第二年将有10名反犹分子被绞死。因此，犹太学者对1946年10月16日纽伦堡法庭判决绞死10名纳粹分子毫不惊讶。只要清楚这一点，也就是任何事情的变化总会有其原因，很少存在所谓巧合，那么，预知未来也并非不可能。

因为万事万物总是有其变化的规律。现代正是传统通向未来的唯一桥梁。

《圣经》上说:“你们祈求，就给你们；寻找，就寻见；叩门，就给你们开门。”(《马太福音》7:7—12。)当所有的犹太人都挣扎在悬崖边上，把智慧和创新当作一种核心竞争力，用一种强烈的变革精神追求一种伟大的梦想，拼命地寻找未来的时候，他们早已变成“世界公民”，成为公认的“世界第一商人”和最聪明的民族。

第三章 远见必须取代经验——以色列创业成功的GPS

远见必须取代经验，最稳妥的办法就是放胆一试。

——佩雷斯

3.1 创造多元化和全球化的商业氛围和价值观

世界上著名的思科公司曾经生产过一个 CRS-1 路由器，总共耗费了 4 年的时间，花费了 5 亿美元的研发资金，结果进入吉尼斯世界纪录大全，被誉为世界上最快的路由器。从此，思科就像微软之于 Windows 操作系统，英特尔之于芯片，谷歌之于搜索引擎，成为路由器市场的象征。据思科公司介绍，用 CRS-1 下载美国国会图书馆的影印文本只需 4.6 秒，而同样的工作，如果用拨号调制解调器完成，大约需要 82 年。

CRS-1 最主要的一个缔造者就是一位以色列人，名叫迈克尔·劳尔。他毕业于以色列本－古里安大学工程专业，后来进入了美国的思科公司，总共工作了11 年，成了思科公司的工程架构主管。1997 年，劳尔渴望回到以色列，思科公司不甘心失去这样一位优秀的工程师，所以就同意让他在以色列成立一家思科公司的研发中心，这是思科在美国之外建立的第一家研发分支机构。当时，劳尔认为，未来市场需要像 CRS-1 这样的大流量快速路由器。由于当时互联网还处于初级阶段，所以，思科的许多人认为，“这种想法过于疯狂，等于是我们正在吃的东西超出了自己的消化能力，谁会需要这么大的流量？”而劳尔却认为，如果思科制造了这种路由器，就将引导互联网的发展方向。现在回过头来看，劳尔的观点确实是远见取代经验。你很难想象，仅仅是十多年的时间，互联网就从刚开始的电子邮件和很少的几家网站，发展到图片、视频、搜索和游戏等海量数据，满足了人类永无止尽的需求。到了 2008 年，思科在以色列的研发中心在成立 10 年后，就已经拥有 700 名员工，再加上收购以色列的 9 家创业公司，思科在以色列的总投资达到 12 亿美金。可见，创新和引领未来的发展对于一家公司是多么的重要。

创新成功的GPS的第一条核心要素就是，创造多元化和全球化的商业氛围和价值观。纵观思科公司和英特尔公司在以色列的研发机构的创新成果，都是“人才环流”的结果。2000多年来，散居和离散在世界各地的犹太人都渴望回归以色列，报效家乡和祖国，即使不能回来直接创业，也常常成为以色列公司和国外市场及投资者的桥梁。尤其是近10年以来，当以色列日趋强大的时候，许多犹太人不仅仅出于同情或者慈善的心理回以色列创业，还将以色列作为一个实现创新梦想和发展生意的好地方。其结果就是造成多元化和全球化的商业氛围和价值观。

1948年的时候，现任的以色列总统佩雷斯还是一位年轻人，当时他负责这个刚刚成立的犹太国家的武器采购工作；而阿尔·施维默是一位来自美国洛杉矶的爱吹嘘的航空工程师，他认识美国许多的飞机大亨。当阿尔听说以色列正在经历着非常大的艰难困苦和危险时，一夜之间就变成了一位坚定的犹太复国主义者。他偷偷与本-古里安总理在纽约的秘密特使见面后，决定为以色列在美国创建一支空军，尽管美国的法律明令禁止美国公民在未经政府授权的情况下出口武器。阿尔所做的一切不仅是鲁莽，而且是一种犯罪。但是，阿尔最终成功了，他通过走私的方式，把许多美国空军淘汰的军用飞机拆卸开来，通过走私的方式以“灌溉设备”的名义偷偷运回以色列。阿尔在美国成了通缉犯，并因私自招募飞行员被送上法庭。最后，只用了5年的时间，阿尔就和另外两个犹太人共同创建了一家很大的飞机维修公司，并成了以色列最大的私人企业。到了1960年的时候，这家公司就远远不是维修和组装飞机了，而是造出了一架真正的法国富加战斗机。当时佩雷斯已经担任以色列国防部副部长，他为这家公司起了一个新的名字——以色列飞机工业公司。从此，以色列的航空工业就真正诞生了。也就是说，没有借助任何人的投资，佩雷斯和本－古里安就成功地拉拢了一个美国犹太人回归以色列。在以色列经济发展过程中解决了一个最令人头疼的大问题。

很显然，以色列的许多产业都是这么发展起来的，他们不仅靠着像劳尔和阿尔这样具有浓厚民族情结的人，还有一大批怀着创新梦想的“以色列玫瑰”——她们来自于全世界各地，用多元化的价值观和全球化的视角开创着人类的未来。她们的故事更加精彩，正如灵魂音乐教父James Brown曾经在他的歌中唱道的那样：This is a man’s world. 来自“创业的国度”——以色列的科技创新领域的铿锵玫瑰们却用行动证明了，这昔日的经典旋律早已与如今的世界格格不入：

1. Dr. Kira Radinsky——科技界的先知

在古巴爆发百年难遇的霍乱之际，一位年仅 27 岁的天才女博士 Kira Radinsky 却声名大噪——因为在霍乱爆发的几个月前，她就用自己研发的、包含复杂算法的软件预测了这次灾难。

当同龄的孩子还在沙子堆里打滚的时候，8 岁的 Kira Radinsky 已经开始编写代码了。她在以色列的一所俄罗斯补习学校补课，同时还是空手道黑带选手。后来，15 岁的 Kira Radinsky 在以色列理工学院进修，并在 26 岁时拿到了数据挖掘技术的博士学位，中途还在军队里任职过软件工程师。

她对预测分析的热情从未消减。2012 年，Radinsky 建立了自己的公司 SalesPredict，致力于帮助企业寻找潜在客户。预测方面的卓越成就让 Kira Radinsky 荣登麻省理工评选出的“世界前 35 位 35 岁以下的杰出青年创新人物”榜单。年仅 27 岁就取得了如此的丰功伟绩，恐怕只有时间——或者她的预测软件——才能知晓这位奇才的未来是怎样一番光景。

2. Sivan Borowich-Ya'ari——让以色列的科技创新之甘露洒向非洲大地

2008 年，Sivan Borowich-Ya'ari 成立了

Innovation:Africa，这一非营利组织为非洲最干涸的地区带来了水资源，也带来了来自以色列的清洁能源太阳能。至此，Sivan Borowich-Ya'ari 有了一个新名字——“以色列的阳光少女”。

Sivan Borowich-Ya'ari 的父母分别来自北非的阿尔及利亚和突尼斯，之后移民以色列，所以她深厚的非洲情结也萌生于此。

迄今为止，该组织已在埃塞俄比亚、乌干达、马拉维和坦桑尼亚开展了 68 个项目，用可持续能源来发电，保证了学校、孤儿院、诊所和水泵系统的电力需求，造福了超过 45 万非洲居民。由于贡献卓越，该组织获得了联合国经济和社会理事会的咨询地位和联合国创新奖。

作为一名慈善家，Sivan Borowich-Ya'ari 除了帮助非洲人民获取重要资源之外，还致力于用以色列的科技创新来建造一个更美好的世界。

3.Dr.Michal Tsur——以色列的科技创新“铁娘子”

被称为以色列创业“铁娘子”的 Michal Tsur 博士已经取得了大多数人一生梦寐以求的所有成就，包括成功创业的经验。Tsur 与他人合作创建了一家市值数百万美元的公司，目前任该公司的总裁。

Tsur 在纽约大学获得法律领域博弈理论应用的博士学位之后，又成了耶鲁大学的博士后研究员。在那之后，她却偶然走上了一条不同的创业之路。

对编程一窍不通并没有妨碍 Michal Tsur 与他人合作创建了网络安全公司 Cyota，该公司发展了几年之后就以一亿四千五百万美元的价格售出。继 Cyota 之后，Michal Tsur 又与他人合作创建了以色列顶级的视频初创公司 Kaltura。该公司利用开源技术搭建视频解决方案平台,并与 AT&T（美国电话电报公司）、迪士尼和 ABC（美国广播公司）等商业巨头进行了合作。

Tsur 的成功之路还在继续：为数家成功的创业公司担任顾问和天使投资人，奔波于各大洲之间却又能恰到好处地平衡工作和家庭的关系。

Michal Tsur 的成就不禁让人们对其未来的事业充满期待——不过她未来的精彩恐怕连 Kira Radinsky 都无法预测吧。

4.Malvina Goldfeld——跨越文化隔阂

“四海为家”大概就是为形容 Malvina Goldfeld 这一类人所创造的——她出生于罗马尼亚的摩尔多瓦，在以色列长大，在加拿大、美国、日本和智利学习，在乌克兰、意大利、阿联酋和越南工作。她精通英语、希伯来语、俄语、西班牙语和葡萄牙语五种语言，这让她成功跨越了文化和商业上的隔阂，在一些国际大企业担任要职，并进一步激发了她对于学习新语言和文学的热情。

从 2013 年 7 月开始，不到 30 岁的 Malvina Goldfeld 成为 PayPal（全球最大的在线支付平台）在非洲业务扩展的负责人，致力于为撒哈拉南部的非洲国家和国际市场牵线搭桥。

之前，Malvina Goldfeld 曾在致力于电子商务和互联网应用投资的 Battery Ventures（巴特利风险投资公司）担任副总裁，也在以色列和东欧担任过麦肯锡的商业分析员。

Malvina Goldfeld 的事业起点始于 Seeds of Peace（和平之种）夏令营项目。该项目的宗旨在于促进以色列和巴勒斯坦两国青年对话和沟通，而 Malvina Goldfeld 曾担任该夏令营的营地顾问。

2013 年，TED 女性大会在以色列的特拉维夫举办。作为以色列科技创新的领先女性之一，她还发表了演讲。在闲暇时间里（Goldfeld 并不总是在工作），她为巴特亚姆（以色列中西部城市）的女孩们做辅导。

5. Orit Hashay——连续创业家

Orit Hashay 对于创业圈来说并不陌生——早在十年前她就进入了商界，马不停蹄地耕耘着自己的事业，堪称创业家的典范。15 年以来，她在 Emblaze 和 Comverse 等公司的软件和业务扩展经验为日后服务于女性的高技术含量解决方案铺平了道路。

截至目前，她创建了 mit4mit.com（经营婚礼策划）、Ramkol.co.il（商业评论网站）、Brayola（提供个人服务的众包文胸网店）以及 Vetrinas（虚拟商店）。

Orit Hashay 事业上的成功是名利双收的。仅在 2012 年，她就跻身环球报评选的“以色列最具影响力的 50 名女性”之列以及 Girls in Tech 国际组织评选的“欧洲前 100 位女性科技精英”榜单。

6. Daphna Nissenbaum——塑料终结者

尽管 Daphna Nissenbaum 是以计算机工程师起家的，这位以色列母亲对于可持续发展和环境保护的热情可见一斑。在以色列和美国多家公司担任要职之后，她于 2010 年创建了自己的绿色科技公司 Tipa。

该公司致力于满足不断上升的生态绿色食品以及饮料绿色包装的需求。这位富有远见卓识的女商人开发出了 100% 的生物可降解包装。该包装可以在 180

天的时间内分解，极具替代普通塑料、硬纸板和铝制包装的潜力。

Nissenbaum 和 Tipa 公司对绿色革命的巨大贡献受到了国际社会的瞩目。2012 年，Tipa 从 50 家优秀公司中脱颖而出，赢得了以色列清洁技术一等奖以及德国科隆食品展(德国食品包装行业盛会)大奖(Anuga Foodtec prize)。

在 2013 年，经济学家报（Calcalist）发布了中国亿万富翁李嘉诚旗下维港投资（Horizon Ventures）牵头向 Tipa 进行 1000 万美元融资的新闻。Tipa 现有的股东还包括 Aviv Ventures 和 GreenSoil 两家投资公司。

7. Amit Knaani——引领儿童走向科技王国

在一些人眼里，Amit Knaani 的创业之路起点很高——起初是国际领先网站开发平台 WiX.com 的高级产品经理，辞了这金饭碗后，Knaani 转而于 2010 年担任儿童电视网 BabyFirstTV 的产品经理。

已是两个孩子母亲的 Knaani 和 Yami Glick 于 2012 年共同成立了 Vikido 视信服务公司，致力于为孩子和父母建造一个简易便捷的视信交流平台。

当时她还是 ooVoo 的产品负责人——ooVoo 是一款免费视频聊天和即时信息工具，自开发以来就在《PC

Magazine》上获奖无数。如今，Knaani 在欣欣向荣的网站创建公司 Duda 担任产品副总经理，专门负责免费移动商业网站运营。

8. Triinu Magi——连接以色列的创新之魂

尽管 Triinu Magi 出生于爱沙尼亚，却深受色列创新精神的感染。她不但是专业的数据和安全分析员以及职业软件开发者，而且还是 Neura 的联合创始人之一。该公司致力于为用户提供整合方案，允许用户对他们的连接环境进行配置，从而实现不同设备、人员、地域及网络之间的连接。

在创建 Neura 之前，Magi 在以色列公司 RSA（一家全球领先的软件公司）负责过新兴科技以及欺诈检验模块的开发，在爱沙尼亚司法部担任过数据分析员和项目管理，并成为国家网络服务和在线政府基础设施建设最年轻的参与者之一。毋庸置疑，作为一个物联网和连接设备改革的领导者，这位以色列的新移民无疑拥有着大好前途。

9. Liat Aaronson——引领创业者走向更光明的未来

这个女人骨子里透着对创业的热爱。从培养未来的商业领袖到辅助新兴企业的起步，Liat Aaronson

致力于将科技创新和创业铭刻到以色列的文化中。

Aaronson是一名职业的律师，同时在荷兹利亚（以色列城市）跨学科研究中心（IDC）担任项目主管——负责著名的泽而创业项目（Zell EntrepreneurshipProgram）——该项目专注于培养有潜力的未来商业领袖，并为他们提供创业成功所需的一切资源。

为了工作，Aaronson不得不在全球四处奔波，指导该项目的252名校友和在读学生。除了帮助他们促进自己企业的发展之外，她还向Warren Buffett引荐自己的学生。

2009年，Aaronson在印度的TED大会上发表了演讲，在以色列发起了研究病毒的系列会议，还成了两次TED活动的组织者之一——一次在特拉维夫（以色列），另一次是2010年旨在促进巴以对话的耶路撒冷TED大会。

2009年到2013年期间，Aaronson担任了非营利组织“创业种子（Startupseeds）”的主管，为促进高校技术创新做贡献。

10. Ayelet Noff——社交网络的金发玫瑰

在Ayelet Noff的眼里，金发美女们不只懂幽默，还是社交网络达人呢。2006 年，当她成立媒介公关平台 Blond 2.0 的时候，Facebook 顶多是“小荷才露尖尖角”罢了。

不过在这之前，Noff 是 TechCrunch 和 TheNextWeb 等主流科技新闻媒体的特约作者，同时担任着即时信息创业公司 ICQ 的市场销售经理。该公司是以色列成立最早、发展最成功的几家公司之一。

如今 Noff 和她的 20 人团队全力经营着 Blond 2.0，为 HP、Mobli 和 Viber 等 40 多家以色列社交网络提供服务。Noff 早就明白一个道理，在社交网络里，谁会拒绝一位既有头脑、又有美貌的金发姑娘呢?

上述文字转自国内著名的网站《以色列计划》中的一篇文章，名为《以色列玫瑰：细数十位科技创新领域的女性佼佼者》。除了这 10 位以色列玫瑰以外，同我合作的以色列著名的教育和管理创新智囊团 PenZA 感知实验室里也有一位非常著名的“铿锵玫瑰”——Eitan，她是以色列企业管理和创新专家、以色列最成功的创新企业“Checkpoit”首席运营官、以色列 2028 项目的总监，担任“Checkpoit”的首席运营官并且是公司创始团队中的一员。

Checkpoit 软件技术有限公司是全球首屈一指的

网络安全供应商，在全球 VPN 及防火墙市场上居于领导者地位。公司成立于 1993 年，总部位于美国加利福利亚州红木城，国际总部位于以色列莱莫干市。Checkpoit 提供的全方位安全解决方案具备以下特点：统一网关、单一端点代理及单一管理体系结构，能灵活调整以满足客户瞬息变化的商业需求。这些独一无二的解决方案是基于 Checkpoit 在企业及防火墙、个人应用防火墙 / 端点安全、数据安全及 VPN 领域的领导地位及创新能力。总之，每一个成功的以色列企业都有自己的核心竞争力，他们绝不会仅仅为了赚钱而简单和拙劣地模仿别人的产品。

对于一个犹太人来说，他们所奉行的价值观就是：学习是一种信仰，真正的知识是甜蜜的，没有灵魂的人永远不会忏悔，过有节制的生活，人类的全部尊严在于智慧，问号代表一切，捍卫生命的价值与尊严，思想能烤出面包。发了财并没有成功，真正的成功在于拥有知识和智慧。文化和智力的寿命比金钱更长。而对于一个犹太企业家来说，他们特别讲信用，同时也特别重视教育，绝不会让一个孩子失学；而且他们还特别喜欢音乐，音乐可能是犹太人的第二生命；他们也不会给孩子留下遗产，要把钱捐给犹太会堂和许多慈善组织。犹太会堂特别有钱，他们不仅要资助那些无家可归的人，直到他们找到工作，还会帮助孩子从小学会创业，给他们提供创业启动基金。

如果说犹太企业家和中国企业家有什么不同的话，第一个不同就是：中国的市场大，以色列的市场小，所以，中国企业家考虑问题主要是考虑产品功能的独特性和专一性，而以色列企业家则要考虑产品的附加值，必须以前瞻性的目光和全球化的视野去设计产品。第二个不同就是：犹太人在传统上喜欢思考和多想,不太着急赚钱,而许多中国企业家往往急功近利。第三个不同就是：犹太企业家喜欢成功，更喜欢研究世界各国的历史和文化，他们的理想不是当一个商人，而是成为一个学者和教授,研究《托拉》和《塔木德》,研究社会问题；而中国的企业家不同，往往在商言商，多数不太关注国家大事，虽然愿意利用政治发财，但又不愿意利用经济的力量来影响政治，目的就是为了发大财。第四个不同就是：以色列的产品和学术研究一样，都有强烈的现实意义和针对性，比如反恐防恐研究、雾霾治理、节水灌溉农业、清洁能源和污水处理、快速充电器等等，实用性非常强；而中国企业家则不同，他们不愿意花巨资去研究一个产品背后的社会需求和社会根源，大多数人喜欢模仿和复制别人的技术。第五个不同：犹太商人非常灵活多变，不仅能站在多元化和全球化的视角看待问题，还能够非常迅速地处理各种突发事件，这与犹太人几千年流离失所中积淀的文化和历史是分不开的；而中国商人则不同，他们喜欢稳定，不喜欢变化，不喜欢求异思维，不喜欢创新，往往在山穷水尽时才穷则思变，居安思危的危机意识严重不足。

3.2 培养企业家精神和普遍的冒险精神

在以色列人的心目中，究竟什么是真正的企业家？或者说以色列人遵循的企业家精神是什么？我的老师Erez先生曾告诉我犹太人谈判所遵循的五条黄金法则，其实也体现了犹太人心目中的企业家精神。他认为：

1. 谈判的前提是保证生活无忧，并赚取最低必要利润；
2. 奉行双赢原则；
3. 要有健康感恩的心态；
4. 目标不能定得太高，要务实；
5. 敢于冒险。

下面的一些故事印证了上述观点。

约勒·马瑞克是一位法国犹太人，在担任谷歌驻以色列研发机构负责人之前，曾在IBM研究所工作过17年，专门从事“搜索”领域的研究。当时互联网还刚起步，谷歌还没有成立。在马瑞克看来，搜索的起源有着悠久的历史，这和他作为犹太人喜欢阅读《托拉》有关，因为在500年以前，许多拉比就开始用手工查找《托拉》中某些词汇的前后差异，从而更好地理解《托拉》。也就是说，犹太人的学习传统为搜索引擎的诞生做了最大的铺垫，而且谷歌的两位创始人都是犹太人。到了2008年，谷歌的广告年收入已达到1亿美元，现在已成为全世界最普遍的瞬间搜索工具，速度跟你打字的速度一样快。

谷歌在以色列研发中心的成功，激起了比尔·盖茨的好奇心，既然谷歌可以到以色列，为什么微软不可以到以色列呢？所以，比尔·盖茨曾经说过：“微软和谷歌之间的竞争肯定会很激烈，谷歌是我们主要的竞争对手……发生在以色列的创新对未来科技的发展至关重要。”

世界首富离开以色列不久，全球第二大富翁沃伦·巴菲特也出现在这片神奇的土地。巴菲特是美国最受人尊重的投资家，他用了52个小时、花费了45亿美元收购了一家机床公司伊斯卡公司的80%股份，这是他在美国本土以外的第一项投资。说起以色列，他这样回忆："你会觉得这里的人在2000年前就迈着现在这样的步伐……当你看到矗立在山巅的伊斯卡工厂，它的产品远销到61个国家——无论是韩国、美国、欧洲或者你叫得上名字的任何国家。这太让人震撼了！"许多朋友警告他，以色列是一个不安全的地方，他对这一切置若罔闻。依巴菲特之见，任何事情都有风险，关键在于你如何看待和规避风险。伊斯卡位于以色列的北部地区，曾经两次受到了导弹袭击，一次是在1991年海湾战争期间，整个以色列都成了伊拉克的攻击目标；另一次是在2006年的黎巴嫩战争期间，真主党向以色列北部城市发射了数千枚导弹，"这难道算不上是灾难性的风险吗？"

巴菲特的回答是："如果伊斯卡的设备被炸毁了，可以再建一个工厂。工厂本身并不代表公司的价值，伊斯卡的真正价值在于拥有优秀的员工、良好的管理水平、遍布全球的忠诚客户，以及它的品牌。"所以，在巴菲特看来，导弹尽管可以炸毁工厂，但并不意味着灾难式的风险。但是，在2006年巴菲特收购伊斯卡公司的两个月后，黎巴嫩战争爆发了，228枚导弹打到了以色列北部地区，伊斯卡所在位置据黎巴嫩边境仅有8公里，成了导弹首当其冲的攻击目标。

在导弹爆炸的第一天，伊斯卡公司的总裁艾登给巴菲特打电话："我们唯一关心的就是员工的安危，残破的机器可以修理，打碎的窗户可以重新安装。尽管我们只剩下一半的员工了，但是我们保证所有客户的订单都会按时完成，甚至还会提前。"战争期间，许多工人全家暂时移居到以色列南部，但是，伊斯卡一直没有停工，正如总裁艾登所言："对于我们遍布全球的客户来说，是没有战争的。"也正是因为这种敢于冒险的企业家精神，才吸引了谷歌、微软、巴菲特等众多企业巨头，使他们从世界各地汇聚于此。

另一个体现以色列企业家精神的是英特尔公司的以色列研发中心创始人多夫·弗罗曼。他在二战期间出生于荷兰阿姆斯特丹，他的父亲死于奥斯维辛集中营，他的母亲死因不明。弗罗曼的姑姑在20世纪30年代逃到巴勒斯坦，并把多夫送到了犹太孤儿院。1949年，10岁的多夫来到了新成立的以色列。1963年，多夫毕业于以色列工程技术学院，后来考取了美国MIT，但是却被加州大学伯克利分校录取。在读研究生期间，弗罗曼受雇于英特尔的创始人安迪·格鲁夫，并和几位伙伴共同创办了英特尔公司。因为他发明的可编程记忆存储芯片成为英特尔最赚钱的产品，所以他很快成为英特尔公司的名人。令人不可思议的是，在他在英特尔最春风得意的时候，他却宣布离开英特尔，到一个非洲国家“寻求冒险、个人自由和自我发展”。当时人们认为他疯了，因为英特尔即将上市，他舍弃那么多优先股权，将会遭受多大的损失啊。但人们并不理解多夫的内心，他不想仅仅为别人打工，他还想回到以色列，成为芯片领域的领导者。

1973 年的时候，实现梦想的机会终于来了。当时英特尔公司严重短缺工程师，弗罗曼回到英特尔，向格鲁夫提出了在以色列建立一个研发中心的想法，并很快得到格鲁夫的认可，打破了英特尔此前从未在海外设立研发中心的先例。于是，在 1974 年 4 月，弗罗曼凭着 30 万美元的投资和 5 名员工就开张了，现在英特尔的以色列研发中心已经拥有 6000 名员工，在以色列的投资总额超过 35 亿美元，英特尔的许多重要产品都来源于以色列的研发中心。

他们最辉煌的时候是 1985 年，英特尔公司耗资 2 亿美元、历时 4 年、速度更快的 386 芯片在以色列研发成功，IBM 公司默许他们成为自己的独家制造商，而主要由位于耶路撒冷的英特尔以色列芯片厂制造。他们实行 12 小时轮班制，一周工作 7 天，其生产量占据英特尔全球产量的 3/4。

1990 年 10 月，海湾战争爆发前夕，萨达姆宣称，如果美国胆敢对伊拉克发动攻击，他们将向以色列发射导弹。形势越来越紧张，到处是警报声，连幼儿园的老师也要向孩子发放防毒面具，并向孩子们讲解如何使用防毒面具，以及各种逃生技巧。一旦战争全面爆发，大部分45岁以下的以色列人都要回部队去服兵役。许多以色列公司在战争期间遭遇了破产的命运。究竟要不要停止386芯片的生产？紧急状态下公司如何运行？一旦停止生产，是否全球所有的跨国公司都会对以色列的市场失去信心？这些问题让弗罗曼每天都在痛苦地纠结和挣扎。1月17日，弗罗曼不顾政府放假的命令，擅自向雇员宣布了他的决定："战争期间，英特尔以色列公司正常工作，但是以自愿为原则。"

1月18日凌晨2点，弗罗曼和绝大多数以色列人被防空警报惊醒，并迅速带上防毒面具躲起来。所幸的是，当防空警报结束以后，许多员工从密室里走了出来，跟家人通完一个简短的电话以后，又开始回到工作岗位上。让弗罗曼非常吃惊的是，当伊拉克的第一次空袭发生以后，竟然有75%的人来上早班；当伊拉克的第二波袭击发生以后，来上班的人数增加到80%。袭击越猛烈，来上班的人越多。甚至有许多员工在厂房内组织了一个暂时幼儿园，以色列人不畏风险，带着孩子前来上班，而且许多员工自愿轮班担任幼儿园老师的工作。事实上，不止英特尔公司一家是这样生存下来的，谷歌公司就是2006年黎巴嫩战争期间建立起来的。对于以色列企业家来说，承诺就是财富，“敌人越攻击我们，我们越要走向成功”。正如艾登·维萨姆在2006年黎巴嫩战争发生时，对巴菲特说的那样：“当导弹落在我们身边的时候，我没用提高产能来决定谁将是这场战争的胜利者。以色列人，他们把企业和商业的信誉看作是国家的尊严、决心和力量的体现，他们要让外国投资者相信以色列人的能力和信实，他们使外国合作伙伴对以色列的信心空前高涨……当他们来以色列寻找商机时，没有必要担心灾难式的风险存在。”

这就是以色列的企业家精神和犹太人身上普遍的冒险精神。

3.3 塑造亲密的社会人际网络

成功的犹太企业家数不胜数，比如雅诗兰黛、POLO公司的拉尔夫·劳伦，Dell电脑公司的迈克·戴尔，谷歌公司的两位创始人谢尔盖·布林和拉里·佩奇，Facebook创始人马克·扎克伯格和首席执行官谢丽尔·桑德伯格，以及迈克尔·布隆伯格和卡尔文·克莱因等，都是成功的犹太创业家和著名商人。因此，美国犹太拉比史蒂芬·希尔比格说:“在当今美国,成功、富有和犹太人一再联系在一起，这绝不是偶然的。”在犹太教中，成功和富有不仅意味着经济上的充裕，同时还意味着精神财富的丰裕。在犹太教中，只要自主创业者所从事的商业活动是正当合法的，他们就会常常受到犹太公会的鼎力支持,正如《塔木德》所言:“如果你享用自己的双手创造的果实，就会感觉到幸福”。犹太教认为，犹太创业者是物质和精神财富的创造者，他们是有灵魂的资本家。《塔木德》认为,要想取得成功,就应该帮助社会上那些孤独的人和有需要的人，为他们提供价廉物美的产品，慈善的最高境界就是为个体提供就业岗位，使他们摆脱贫困，同时为残疾人士和弱势群体提供就业机会，从而修复这个残缺而不完美的世界。可见,犹太创业家的传统就是创新和公益创业。

无论是过去还是现在，无论是美国还是以色列，犹太创业家的成功常常得益于亲密的社会人际网络关系。塑造亲密的社会人际网络，不仅让犹太人获得更多的信息渠道与可信任的合作伙伴，还为他们提供了整合资源的多种可能性，尤其是对于那些第一次创业的企业家提供了协调合作的基础与能力。几千年来，以犹太教拉比为核心的犹太社区，不仅为每一个犹太人提供了和上帝连结的精神归宿和精神家园，也为他们提供了日常琐事的指导和咨询，并形成了一个遍布整个犹太民族的教育和学习型人际网络。在犹太社区中，每个犹太人不仅可以彼此了解对方的家庭状况和家庭成员的个性与素质，而且可以在事业上和精神上互相帮助和互相督促，并取得彼此之间亲密无间的信任与合作关系。这种关系虽然古老，却为现代商业生活奠定了坚实的基础，今天被人们称作“无尺度网络”。这种“无尺度网络”对于创业者来说非常有用，他们可以通过网络中心与每一个网络的“节点”（即“参与者”）发生紧密联系。随着全球化的到来，人际网络成为创业成功的重要资源和关键因素。根据“小世界现象”理论，任何两个想取得联系的陌生人之间，最多只隔着6个人，便能联系成功，亦即“六度分隔理论”。在以色列和犹太社团中，这种理论非常便捷，人们不需要通过6个人，只需要通过一两个中间人就可以找到想联系的那个人。这样的人际网络对创业家来说非常重要，它不仅灵活而且迅速，再加上犹太民族共同血缘和地缘关系，以及共同的信仰，使他们迅速成为各种商务活动的枢纽。犹太创业家的成功和这种亲密的人际网络是截然分不开的。

而对于以色列创业家来说，除了犹太社区为他们塑造了亲密的社会人际网络之外，以色列独特的兵役制度同样发挥了更大的作用。由于以色列全国只有800多万人口，所以以色列军队的常备军人数非常少，预备役部队成为以色列国防军支柱和最大特色。早在独立战争结束以后，以色列的领导人就决定建立一支单独编制的预备役部队，几乎每个以色列人都要服兵役（正统的犹太教徒除外）。直到今天，以色列仍然是全世界唯一拥有这种制度的国家，正如一位美国军事学家所言："用这种方法管理军队实际上是很可怕的，但以色列人做得很好，因为他们别无选择。"在其他国家，预备役部队一般是由常备军的军官来指挥的，而且在正式投入战争之前，至少会有几周或几个月的时间进行新兵训练，没有哪个国家的部队依靠的主力是一群刚刚招募来两三天的新兵。

这种预备役兵役制度不仅是这个国家军事创新的例证，同时也是这个国家创新文化的催化剂。当一名23岁的年轻人在指挥一名教授时，当一名出租司机在训练百万富翁时，等级制度自然就消失了，他们体现的是一个人的能力和智慧，一个普通士兵可以在训练中告诉一名将军："你这么做是错误的，应该那么做。"这并不是说战士可以不服从命令，因为以色列的士兵的区别不在于军衔等级，而在于其所擅长的领域。"你和一大群以色列将军围坐在一起讨论问题，有人想来一杯咖啡，那么离咖啡壶最近的那人就会为大家服务——对于那些将军来说，为士兵准备咖啡是一件非常平常的事情。”在以色列的军队里，没有严格的等级制度，一切以你的表现为导向，而非地位。阿摩斯·戈伦是一名风险投资家，他曾全职服务于以色列突击队5年，其后的25年他一直在预备役部队。“在这30年的时间里，我从来没有向任何人行过致敬礼，我不是一名军官，我只是一名普通的士兵。”完全平民化的氛围渗透到以色列军队生活的方方面面，让每一名以色列战士和军官亲密接触，建立非常平等友善的人际关系。正如一位以色列学者所言：“发布命令和服从命令本身只是分工的不同，等级制对大家的影响很小，许多士兵经常穿梭在年龄和社会地位上差别很悬殊的人之间。教授会尊重自己的学生，老板会服从自己的下属……每一个以色列人都有许多自己的‘战友’，他们曾经一同睡在露天的帐篷，一起吃过无味的军队食品，常常几天不洗澡，一群来自社会各个阶层的人平等地在一起交往。”在军队形成的交际网络中，彼此非常熟悉，人们的社会关系口口相传，一切都是透明的，关系非常简单，或许我和你的一个兄弟在一个部队服过兵役，或许你的母亲是我们学校的老师，或许某个同学的叔叔正好是另一个同学的所在连队的指挥官……这种关系让人非常容易互相了解和信任，它带来的益处不只局限于以色列。

在以色列的国防军里，还有一种令人不可思议的习惯与制度，那就是下级常常可以向上级军官发出挑衅，一个士兵可以直接否决自己的军官，甚至可以用投票表决的方法让那些没有领导能力的军官离开，每个人的地位都取决于你在军队中的表现和能力。在第二次黎巴嫩战争期间，先后有 9 名士兵和军官牺牲了，还有很多人身受重伤。后来，活着的战士认为，正是因为本场战斗的营长指挥不力，才导致伤亡如此惨重，营长被迫下台。以色列军队的独一无二的战斗力取决于士兵对指挥官的信心，如果士兵对指挥官没有信心，或者指挥官在道德和专业方面赢得不了大家的信任，就没有人跟随他，战士们一定是跟从有号召力的人。而这一特点正是以色列创业家的真实写照：自信与傲慢，挑剔、独立思考与不服从，雄心勃勃、远见卓识与莽撞自大……

许多的以色列创业家都曾服务于一个叫 8200 的以色列军队机构，8200 是以色列的精英情报部门。对于以色列人来说，顶级的以色列大学或许很难进，但是军队的经历比学术经历还要重要。一旦你通过层层选拔和苛刻的训练进入以色列国防军的 8200 部门，你在大家的心目中的地位就可以和哈佛、普林斯顿、耶鲁的高才生相提并论，许多以色列成功的创业家都是从8200出来的。因为在培养人才方面，军队要比大学有效得多，它完全以你的表现为基础，不仅考验你的判断力和解决问题的能力，还要学会如何与人相处……而这一切正是生意场上最重要的综合素质。此外，什么是真正的生死攸关？什么是紧要的和次要的？如何激励士气？如何达成团队目标？这些是经历过战争严酷考验后一个士兵必备的道德和伦理规范，也是成为一个成功企业家的关键因素。

8200专攻科技创新领域，被称为Talpiot（顶尖培训）。Talpiot源自《圣经·雅歌》中的一首诗，意指城堡的塔楼，象征至高成就。成立Talpiot的想法是1973年赎罪日战争之后，由两位希伯来大学的科学家提出的，当时人们还沉湎在缅怀死者的哀痛中，两位教授就向以色列国防军总参谋长提出，要把一小部分以色列最具才华的年轻人聚在一起，由大学和军队为他们提供最顶尖的科技训练，从而让以色列军队占据科技上的绝对优势，借以弥补以色列人口稀少和国土面积狭小的劣势。这个项目到现在已经持续了30多年，每年都会有以色列顶尖中学中2%最优秀的学生（2000名左右）去参加选拔，进行一系列的物理和数学测试，最后在留下200名（1/10）的学生接受人格和能力的集中测试。一旦准许进入该项目，Talpiot的学员就会接受一系列严格的训练。Talpiot的终极目标就在于把学员培养成以任务为导向的领袖和能解决难题的人，他们要不断地接受新任务，包括组织会议，协调设备，运输及食品等事宜，有时有些任务还很复杂，比如将远程通信网络切入一个活跃的恐怖分子的手机里，或者要解决一个直升机飞行员耳鸣和背痛的问题等等。一旦这些学员能接受两至三年的Talpiot培训，他们将获得巨大的威望和声誉，并要签署一份最低服役期9年的协议，最终成为以色列社会中的“超级精英”。

在30多年的时间里，这个项目仅培养了650名毕业生，他们后来都成为以色列顶级的学术专家和最成功的企业家。在美国《福布斯》排行榜中的100家公司里，有85家公司电话监测系统都是由一家以色列公司提供的，这家公司的老板就参加过Talpiot的顶尖培训，许多以色列在纳斯达克上市公司的创始人都是8200出来的。以色列的创新精神首先依赖于与众不同的想法，而想法常常来自于经验和不害怕失败的精神，以及精通各种领域并具有创新和解决问题的能力。当一个孩子服过两三年兵役，并游历过许多国家之后再去上大学，显然就会比许多同龄人显得成熟。在军队里，你必须反应迅速，有时候还要做出生死抉择，还要懂得遵守纪律，还要学会自己解决困难……正是成熟和孩子气的冲动，为创业家们提供了创新的能量，让他们从一开始就显得与众不同。正如一位美国企业家所言："如果一个以色列男人想与某个女人约会，他当晚就会把她叫出来；如果一个以色列企业家在生意上有个想法，他第二天就会付诸实施。"这就是以色列人创新和成功的奥秘。

在以色列，渴望进入 8200 部门 Talpiot 课程训练的年轻人越来越多，许多大学和企业家也乐意选拔退伍军人参加他们的创业团队。高决策风险下的案例研究，以任务为导向的实战操作，成为许多年轻人走向成功的良好开端。

3.4 给每个人提供同高层和上层决策者接触的机会

2006 年圣诞节，在瑞士阿尔卑斯山地区的喜来登大饭店，一位老年人和一位青年人相约讨论一件推动人类进步的大事。这位老年人当时已经 83 岁高龄，他是当今世界最有名的以色列人，不仅是一位博学之士，而且还曾任两届以色列总理，并获得过诺贝尔和平奖，是每年一度的达沃斯世界经济论坛的常客——他就是以色列总统西蒙·佩雷斯。应佩雷斯之约，与他相见的那位年轻男士名叫夏嘉曦，当时是全球最大的软件公司 SAP 最年轻的董事，也是 SAP 公司董事会中唯一一位非德国籍成员。夏嘉曦在 24 岁时创建了 TopTier 软件公司，在 15 年后的 2000 年，以 4 亿美元的价格向德国科技巨头 SAP 出售了他的企业。在两年前的“娃娃达沃斯”——一个专为年轻领袖设立的论坛上，夏嘉曦提出了一个非常大胆的想法，他希望在 2030 年来临之前，能够找出一个国家，让汽车能够摆脱石油的束缚——他希望大力发展电动力汽车。当听到夏嘉曦的高论后，佩雷斯对他说：“非常出色的演讲！不过，你打算怎么做呢？你真的会这么做吗？还有什么比让这个世界摆脱石油的束缚更重要的事吗？如果你不做还有谁会做这事？”最后，佩雷斯又加了一句：“我可以为你做点什么？”

当时，夏嘉曦的想法还只是停留在思想的层面，或者说“只是在困惑中挣扎”，但佩雷斯却明明白白地将挑战摆在他的面前，他希望能够帮助夏嘉曦实现他的创新梦想。于是，在 2006 年圣诞节过后到 2007 年初的很短时间内，佩雷斯和夏嘉曦一起旋风般快速地同以色列政府高官和工业巨头共进行了 50 多次会面，其中当然也包括同以色列总理的见面。后来，夏嘉曦非常激动地回忆："如果没有佩雷斯总统的亲自安排，那么多政府高官和大人物绝不会同我会面。"佩雷斯除了亲自在办公室用电话为夏嘉曦安排约会，还亲自写信向五大汽车制造商介绍夏嘉曦本人和他的文章。在达沃斯论坛上，当佩雷斯第一次大胆地向许多汽车行业的人介绍夏嘉曦这个疯狂的构想后，许多人劝说这位 83 岁的老人，没必要在自己辉煌的人生旅程中再经历如此风险，也不要再为此浪费时间。这使夏嘉曦羞愧难当："我使这位叱咤国际政坛的大人物陷入了一种非常尴尬的境地，让他变成一个看上去不知所云的人。"

经过若干次的打击之后，佩雷斯非但没有退缩，反而比以前更有激情和动力，说话也比以前更有力量了。佩雷斯逢人就说，石油要走向穷途末路了，未来这个世界不再需要石油了，他提出可以通过电力进行转变，开发出混合动力、插电式混合动力、微型电动力汽车等未来汽车新品种。并且通过种种努力，在以色列进行智能电网、电池交换站等等实验。夏嘉曦说，以色列是电动力汽车最完美的"试验场"，不仅因为这个国家面积狭小，而且还因为它缺乏石油，邻国还对它怀有敌意，是一个封闭的"运输岛"。对于孤立的以色列来说，必须明白依赖石油的代价，再加上以色列是世界上工程师占人口比例最高的国家，同时人均研发开支在世界上也居于首位，在这个国家进行电动力汽车和智能电网的实验，再合适不过了。当佩雷斯带着夏嘉曦去拜访当时的以色列总理奥尔默特时，总理开出两个条件：夏嘉曦必须和五大制造商之一签约，并且要筹集2亿美元的资金用于开发“智能电网”；将现有的50万个停车场改造成充电站,建设电池交换站。经过艰难的斡旋和宣传，夏嘉曦很快就取得了汽车制造商的信任，接下来主要的任务就是寻找资金了。很显然，下一个伟大的发明将会在以色列诞生。

在以色列，创新之所以能够成功，同每个人都有机会与高层和上层决策者接触有关，佩雷斯总统在这方面起到了良好的表率作用，他同夏嘉曦的故事在以色列成为所有创业家家喻户晓的事情。佩雷斯总统从25岁开始，就和“以色列之父”本－古里安一起开始了自己的政治生涯，他几乎担任过所有的政府部长职务，其中包括两届任期的总理。他对以色列外交政策的影响是不言而喻的，但是人们并不知道他还是好几个行业的创始人，并且是一名非常特别的连续创业家。在年轻的时候，他就深深地认识到高科技和创新将引领人类的未来，他被科技的魅力深深吸引着，他常说，“未来是属于科学的，尤其是对于军队来说。仅仅做到今天最先进是不够的，还要做到即使是到了明天，也是最先进的。”早在1951年，他就开始和美国犹太人阿尔·施维默开始筹划以色列的航空工业，但是却遭到了许多人的反对，几个部长认为，年轻的以色列甚至连自行车都造不出来，因为当时新兴的自行车行业正经历挫折，大量的难民涌入以色列，连基本的生活和物资都保障不了。但是，正是因为有本－古里安总理的支持，他发展航空工业和核工业的理想都最终获得成功。2005年，以色列成为世界第十大核能专利生产国。今天，以色列的科研支出在GDP生产总值中所占比例据世界领先地位，使以色列在高科技领域名列世界前茅，并使以色列经济发展的主要方式成为创业型国家，企业家精神已经深深融入以色列的国家精神之中，创新成为以色列的核心竞争力。正如佩雷斯所言：“犹太人最大的传统就是不满足，这对政治来说或许不是好事，但对于科学来说绝对是好事。任何时候只要你想改变，那就去改变。”因此，在以色列国防军中，每一项从美国来到以色列的高科技，到达军队5分钟后就会被彻底改造——这就是犹太人永不知足的改进、发明和挑战精神，从而被全世界公认为“创业的国度”和“智慧的国度”。

还有一个有关佩雷斯总统的故事，那就是《创业的国度》一书的作者索尔·辛格在同佩雷斯总统有关创新的采访进行了一个半小时以后，结束的时间到了，因为佩雷斯总统还要进行下一个会面。正当索尔·辛格打算起身告辞的时候，佩雷斯总统站起来说："你们为什么不等一个半小时之后再回来，我们继续聊呢？"一个半小时以后，佩雷斯总统一见面就拿出了一些文件，然后说："先不管那些老行业，我们将会大力开拓五个新行业——新能源、水利工程、生物科技、教育设施以及反恐防恐的国家安全工程。"纳米技术研究容易获得资金支持，佩雷斯预测它会先于其他新兴行业获得发展。其时，佩雷斯总统已经85岁高龄，却依然大胆地去构思新行业和新产业，他渴望使以色列成为21世纪人类的"思想工厂"——不仅要生产思想，还要利用别人生产的思想，为未来人类发展的"超级构想"提供创新的线索。

关于以色列的成功，许多人觉得是强烈的平等意识和创新意识，以及雄心勃勃的集体主义和团队精神，但这些特性组合在一起似乎非常矛盾。然而，如果你在以色列军队中历练过，就会觉得这一切结合在以色列人身上非常合情合理。在军队中，每个人都必须完成自己的任务，而完成任务的唯一方式就是依靠团队的力量，每一个军官都必须言传身教，他们的战斗口号就是“跟我来”，而非“给我上”，你几乎不可能居高临下地去指挥谁，也不能让一个同伴掉队，上下级之间都可以直呼其名，如果发现对方有什么错误，大可以直言不讳地告诉对方。如果你被 8200 的精英部门选中，在战斗中你会负责十几个人和数百万美元的设备，很多时候你必须在一两秒钟之内做出生死攸关的决定；你还可能负责收集情报，或者进行尖端系统的科研项目，这些经历会使你一毕业就成为企业家。许多 8200 的学员离开部队想要独自创业时，只要有合适的想法，你需要做的也就是打个电话或者发封邮件而已，很快就会有一大堆你认识的企业家、学者或者部队里的战友给你提供帮助。以色列的专长就是创新，没有人会嘲笑一位创业家，失败并不是人生的污点，相反它会成为你人生很重要的经验。创新也是一种无限资源，能够自行传播，几乎每个公司都渴望在传播过程中获得最大的受益。

新加坡的兵役制度是以色列帮助建立的，韩国也有征兵制度，而且同样是自从成立以来就面临着巨大的安全威胁，芬兰、瑞典、丹麦和爱尔兰也都是相对较小的国家，同样有先进的科技和众多的专利，也曾经历过高速的经济增长，甚至有些国家国民生活水平比以色列还高，但是，他们都没有像以色列一样拥有那么多的创业公司和上市企业，也没能吸引更多的风险资本前来投资。中国和阿拉伯世界就更不必说，虽然也有强大的军队，但都严重缺乏创新精神。创新不仅是美国的出路，也是中国的出路。西方世界需要创新，而以色列拥有创新；弄清楚这种创业和创新的动力来源于何处，并使其可持续发展，是当下全世界的重要任务。

2014 年 4 月 8 日 -10 日，年逾 91 岁高龄的佩雷斯总统在 9 月份正式退休前对中国进行正式国事访问。访华期间，他一直坚持通过微博直播访问行程。佩雷斯的“微博外交秀”吸引了大量的中国网友，他的粉丝数量很快就突破 33 万，几乎每一条微博都能够得到数千条评语和转发。在访华结束前的 4 月 10 日上午，佩雷斯兑现承诺，特意做客新浪微博，回答网友提问。对于许多网友感兴趣的犹太“教育经”，佩雷斯回答说：“必须从第一天开始就让孩子们学习，人生最重要的是终生学习，直到生命的最后一刻。像我这样的年龄，每天也在坚持学习。有时候你可以说人每天要吃三顿饭才能够健康，你才能舒服地生活，但如果一天能够学习 3 次，你就能够变得更加聪明。”关于以色列的崛起之谜，正是因为他们的一无所有，这不仅是许多经济学家的观点，也是佩雷斯的观点。他认为：“我们国家小，没有资源。在农业和国防方面，我们运用了大量的技术，我们的重点就是发展技术，因为我们的人口不多，我们不会将有限的资源用于制造奢侈品。我们必须做两件事，一是投资开发每一块土地，尽最大的努力；二是开动大脑，尽最大的可能，激发新的想法。这是中国的真实写照，也是以色列的真实写照。不是国家让人民变得强大，而是人民让国家变得强大……强大不是一个物理维度，强大指的是知识而不是土地，你依靠知识谋生。”

在访谈中，佩雷斯还多次谈到了“中国梦”。中国梦不仅属于中国，更属于世界。他希望所有的年轻人都能成为自己的朋友，也希望所有的年轻人都能够创新和创业，“远见必须取代经验，最稳妥的办法就是放手一试。”

3.5 政府激励和公司内部创业精神

2010 年的上海世博会，以“创新，让生活更美好”为主题的以色列馆每天接待无数的游客。以色列，这个崇尚创新，人口只有 800 多万的沙漠小国，人均 GDP 早已超过 3.2 万美元，尤其是近 10 年来其高科技产业的发展令世界瞩目，在电信、IT、生命科学等多个产业领域涌现出一大批具有世界先进技术与产品的新兴公司。以色列还是美国之外在纳斯达克最多上市公司的国家之一，而且出口产品以高科技产品为主。在全球金融危机肆虐的2009年，以色列竟然诞生了500余家新兴企业。国家的激励政策、超前的价值观、较高的综合素质等多种因素，综合酝酿出这个国家的创新势能，而其背后支撑的强大力量则源于以色列政府“哪怕一个人的聪明才智也不能随便浪费掉”的执政理念。

2014年1月6日上午，我考察了以色列最好的商学院IDC跨学科研究中心，收获颇丰。接待我们的中心负责人Shelly小姐告诉我们，为什么以色列具有创新能力，缘于如下原因：1. 犹太人敢于接受挑战，从来不惧怕失败；2. 善于从不同的角度看问题；3. 学会对不确定的世界进行判断；4. 随机应变，用不同方式解决问题；5. 进行跨学科的交流与合作。IDC的规模不大，但校园很精致，课程很精彩，是专门为犹太精英服务的。我希望在有生之年把IDC引进中国，成立中国第一家以色列创新智慧学院（犹太智慧商学院），并渴望找到同道共同实现梦想。

Shelly小姐的观点同本书中分析的许多观点不谋而合。除了一些理念和价值观的因素以外，以色列的崛起同政府对高科技创新不遗余力的激励政策有很大关系，也同许多以色列公司提倡内部创业精神有很大关系。

LFSMD创建于2006年，是一家致力于新一代焊剂产品研发的新公司。由于欧盟在2006年提出规定，在用于焊接电子底板的焊剂中，禁止含有铅的成分，导致世界各电子产品制造商都开始改用以银替代铅的焊剂产品。LFSMD研发的新产品的独特之处在于，是用锌来替代铅而非银代替铅，从而使产品的成本大幅度降低。

1999年，LFSMD公司的总裁阿尔贝特·考夫曼开始悄悄进行新一代焊剂的研究。次年，以色列政府一位负责创新技术支持工作的官员突然来访。“听说您正在从事一项有趣的研究，我们希望能对您的研究提供支持。”考夫曼闻言大吃一惊：“您是怎么知道我的研究信息的？”毫无疑问，是以色列政府布下的无孔不入的情报网得到了LFSMD公司的研发动态。最后，这项研究得到了以色列政府超过60万美元的资助。

以色列政府对许多科研项目给予现金补助，一般最多是批准补助研发经费的50%，具体负责风险企业创新技术研发支持工作的机构是1984年设立的首席科学家办公室（OCS）。首席科学家办公室赞助了数项激励计划，这些计划包括正规的补助金项目、Magnet计划、Magneton计划、Nofar计划等，以及鼓励个人企业家创业的Tnufa计划、研发基金计划、磁石共同体计划等，首席科学家办公室每年的预算不过300亿美元，却已为1200多家企业提供了研究资金的补助和贷款，许多刚启动的项目有资格得到高达66%的研发补助金，一些中小企业常常就会成为OCS的“孵化器事业”目标，平均每个公司获得40万至50万美元的贷款。而且如果企业进展不顺利，它们没有归还贷款的义务，风险由政府承担。此外，以色列工业和商业部与2002年还设立了Heznek项目，也即是政府扶持企业发展的种子基金，该计划的基础是政府按与其他投资者的投资比例对创新企业进行投资，政府对核准项目总投资不超过500万谢克尔，并按比例获得公司部分股份。投资者有权选择以最初价格加利息在前7年的任何时间购买政府股份。以色列政府通过各种项目想方设法激励科技创新和私人创业，所有有梦想的人都可能得到政府的帮助。

近年来，OCS开始加强与民间风险资本投资企业的合作，并不断取得可喜成果，制造医疗器械的风险企业安吉奥斯莱德公司便是一个典型的例子：

位于特拉维夫的安吉奥斯莱德公司 2009 年春季在欧洲成功推出了一种可称为“血管清洁机”的创新产品。我们知道，要清除人体血管内壁积聚的脂肪等物质，通常是用一种叫“气球导管”（BalloonCatheter）的医疗器械进行“清扫”；而安吉奥斯莱德公司开发的新产品则是通过降低气球内部的压力，像吸尘器那样来吸附血管内壁的“垃圾”。这样，相比传统的“气球导管”，就可以大幅度提高器械的吸力。为这家公司研发产品提供资金援助的是实力雄厚的 VC（风险资本投资企业）奥菲尔高科技集团，其经过颇具以色列特色。

还是在 2005 年年底的时候，一名医生造访奥菲尔，提出了他的“血管清洁机”的创意设想，当时接待这名医生的是奥菲尔负责风险企业支持业务的里夫·阿卜德布。听起来虽然是个有点异想天开的创想，但直觉告诉他，这是一个“有趣”的点子。阿卜德布立即向 OCS 提出贷款申请，同时利用自己的人脉关系招聘人才，搭建经营班子，力邀在一家医疗器械生产企业任管理干部的德隆·贝塞尔出任 CEO，第 2 年成立公司。前后只花了两年半时间，该产品就获得了欧洲市场的认可，并开始销售。

就这样，一名医生灵光闪现的一个创意一转眼就成为一个独创性产品并获得市场的青睐。“我们向OCS提出资金援助的申请后，仅仅两个月时间就获得了贷款，所以才能够立即启动。”现在已是安吉奥斯莱德公司副总经理的阿卜德布说。

此外，高科技产业之所以能够在以色列获得顺利发展的另一个重要因素是以色列政府广泛接纳世界著名企业投资以色列进行科研开发。

大约有超过110家的大型外资企业在以色列建立了研究开发基地，这些基地总共聘用了约3.5万名技术人员。据估计，以色列高科技产业的就业人数高达10万人。相对于这个国家的人口来说，这是一个十分庞大的数字。

欧美大型高科技企业乐意在以色列“安营扎寨”，建立研发基地，显然在于这里有优秀的人才和良好的企业发展环境。近年来以色列政府推出了一系列针对外资企业的优惠政策，比如，对外企出资比例超过90%建立的研究基地，法人税为10%，录用本地的技术人员也能获得相当丰厚的补贴。以色列的技术人员通过在外企研究基地工作，提高了自己的技术水平，也在不断积累自主创业的资本，这正是以色列能成为技术强国的奥秘所在。在纳斯达克股票市场中，以色列的上市企业多达近 140 家，是除美国之外拥有最多上市企业的国家。

无独有偶，以色列数据通信设备制造商 RAD 集团董事长 ZoharZi-sapel 也是一个值得书写的人物。ZoharZi-sapel 自 1981 年创建了以生产调制解调器等产品而著名的 RAD 数据通信公司以后，到 2009 年 10 月，已建立了 29 家公司。让人吃惊的是，这 29 家公司中居然有 8 家已成为纳克达斯的上市企业。ZoharZi-sapel 本人也因培育了众多人才，成为 20 世纪 90 年代高科技热潮的主要角色而被誉为“以色列高科技产业之父”。

ZoharZi-sapel 的经营哲学用一句话来表达，就是“Entrepreneurship”（公司内部创业者精神）。现在年销售额已达 7 亿多美元的 RAD 集团，正在依靠公司内部创业不断成长壮大。很多技术人员创业后继续留在集团内，他们即使要出售，集团也绝不收购，“追求公司内部创业的开拓者精神”是 Zi-sapel 式的经营哲学。

对于员工的提案，ZoharZi-sapel 都是一一过目，无一遗漏，若发现有好的点子，他就自掏腰包，让其开展研究，或创建公司。比如新近刚刚成立的第 29 家公司是一家开发生产流水线控制系统的公司。提出创意的并非 RAD 的员工，而是远在德国的销售公司的管理干部。在 ZoharZi-sapel 的资助下，5 名对这一技术感兴趣的技术人员合力创建了这个公司。

由于 RAD 集团本身在世界各地建有庞大的销售网络，所以公司内部创业的企业可以利用 RAD 的资源开拓市场，自己只须埋头技术开发就可，产品策略等经营的自主权也得到担保。如果上市，获得的巨额资本收益也由创业成员所得。ZoharZi-sapel 说：“以色列人骨子里就是企业家，每个人都觉得自己可以比他人做得更好。”“咱集团里尽是一些酷爱技术的员工，珍惜这些员工对企业的感情，企业才能够得到持续的发展。”

第四章　问号代表一切——探寻以色列教育之谜

犹太人认为，每个孩子都是天才，每个人都是一个一次性奇迹，每个人都是独一无二、不可复制的，每个人都有义务在自己短暂的人生中充分实现自己的价值。人因为天生胆怯、懒惰、贪图安逸，怕承担自己的责任，所以愿意维护传统习俗，愿意随大流思考和行动，不愿意接受新知识，这是造成大多数人普遍平庸的原因。人们情愿互相吹捧，接受虚情假意的庸俗赞美，也不愿意真诚地、发自内心地学习别人的优点。这是捆绑人们自我超越的一副锁链。只有真正有觉悟，敢于对自己负责，超越自己狭隘的眼光和周围的环境，并突破自己偏见的人，才是真正的智者和强者。也只有那些真诚的人，那些已经超越了动物式的盲目生存的民族，才能体现人类更高的价值，并有资格成为我们的榜样。

——作者手记

4.1 问号代表一切

2011年10月30日，我应以色列一流教育和领导力创新智囊机构PenZA感知实验室的邀请，第三次访问以色列。

11月1日上午，我的老师Erez亲自开车陪我到名叫马阿莱兹维亚的一所学校和幼儿园进行考察。

一进学校，孩子们正在进行课间操，放着阿拉伯音乐，孩子们各个欢天喜地，在那里尽情地唱歌跳舞，操场上上没有草坪，尘土飞扬。许多孩子主动上前跟我打招呼，非常的友好和热情。这里孩子们的笑脸，我在世界上的其他地方从未见过，是那么的阳光，那么的自然，也那么的友善。他们问我叫什么名字，从哪来。当我告诉他们我的名字和我从中国来以后，有几个曾经去过中国和知道中国的孩子主动上前和我聊天。

只有一个小学三四年级的小女孩在那里闷闷不乐，我问她为什么不高兴，她噘着小嘴对我说："因为你不告诉我你的名字，让我很不开心。"我马上赔礼道歉承认错误，小女孩笑呵呵地跑开了。

这里的幼儿园同样是破破烂烂，但是孩子们却个个欢快得像一只只快乐的小羊羔一样，都主动上前和我打招呼，有的甚至给我做鬼脸。墙上挂的是孩子们的名字和本周的工作计划，他们本周继续建一个广场，广场里头有做饭的地方，有篮球场，有花园，有盆景，也有各种孩子们自己设计的工艺品。我问幼儿园老师，你们多长时间会完成这个计划，他告诉我一个月左右，每个孩子在这一个月里都要为这项计划出谋划策和努力工作。

紧接着，学校的校长还组织他们这里的青年教师与参加“世界和平运动”的几位青年志愿者同我座谈。座谈在小会议室里进行，十几个人围坐一圈，茶几上放着各种各样的干果和茶叶，每人一杯茶。校长首先向大家介绍了我的来历，然后让我和大家交流。我看到盘腿坐在沙发上的几个青年志愿者都没有穿鞋，很好奇，因为当时以色列的气候相当于北京的秋天，不穿鞋是很冷的。所以我问他们的第一个问题是：“你们为什么不穿鞋？”一个非常漂亮的姑娘闪烁着一双美丽的大眼睛非常俏皮地对我说：“因为不穿鞋舒服呀！”我问的第二个问题是：“你们的和平运动主要是做什么？”一个留着胡子的青年人告诉我说：“主要是帮助别人，我们是志愿者。”旁边的人告诉我说，这位青年志愿者马上要结婚了。

我非常大惑不解地说道："现在是一个物质主义的时代，中国的青年大多数喜欢名车和名牌，而我看你们衣衫褴褛，连鞋也舍不得穿，还想帮助别人。你们为什么要干这件事情？"我指着那位即将要结婚的年轻人说："尤其是你，马上都要结婚了，还不赶快赚钱，下一步要养家糊口啊。"

另外一个留着长发的，也是光着脚的年轻人对我说："帮助别人，这是我们的责任啊！难道在你们中国没有人帮助别人吗？难道你们的孩子不需要别人帮助吗？"

在上午的考察中，还有一个非常有趣的环节，那就是我同那所学校中学的高年级同学进行了面对面的座谈。

首先由学校的校长把我介绍给这里的孩子们，然后由我先向孩子们提问。

一进教室，我就发现有两名女学生在吃方便面，还有别的孩子在吃东西，即使是上了课也不例外。于是我的第一个问题就是："同学们，你们都喜欢上学吗？有没有人逃过学？"

孩子们异口同声地回答："我们为什么要逃学呢？"

然后我又问："孩子们，你们都喜欢你们的父母吗？

你们的父母打过你们吗？”

齐刷刷地，几乎所有的同学都举起了手，大部分同学都说非常喜欢自己的父母，而且没有一个父母打过他们。

我又问：“同学们，你们都怕你们的老师吗？”结果同学们再次异口同声地回答：“我们非常喜欢我们的老师。”

在近一个小时的对话中，我发现几乎每个孩子都向我提问，而且有的人连续几次举手。大部分孩子都喜欢旅游、唱歌和跳舞，没有人早恋，也没有人厌学，他们非常喜欢学校和老师，没有人崇拜歌星和影星，而且在以色列的中学和大学从来没有听说过因为失恋或找不到工作而自杀。

在午餐时间，我不仅享受了这里的美味，而且还同这里的教师进行了近两个小时的交流。这里的食堂也是公共食堂，有一个手艺精湛的志愿者给他们做饭。所谓的丰盛的午餐，指的主要是营养丰富，而不是中国人所谓的一桌子山珍海味。蔬菜沙拉，烤面包、胡姆斯酱搭配披塔，核桃杏仁炒饭，蔬菜沙拉里有十几种蔬菜。今天来客人了，还增加了番茄汤和风味烤鱼，味道真是好极了！

Erez 的妹妹是这个学校的老师，也是“世界和平运动”的发起人之一，她告诉我说：“在犹太人的历史传统中，到处流浪，没有什么可以随身携带，只有《圣经》，因此犹太人非常重视学习。再加之反犹主义非常严重，到了异国他乡唯一的避风港就是家庭，所以，犹太人非常重视家庭教育和家庭文化。”在吃完饭以后，Erez 的妹妹不仅同我留念合影，还送我“世界和平运动”的 T 恤衫作为留念，希望把这个帮助孩子和家庭的“和平运动”能传播到中国。

另一个中年女教师 Hanna Shachar 在谈到“犹太学习法”的时候，提到了 2009 年的诺贝尔化学奖得主以色列科学家阿达·约纳特，她的孩子曾在这所学校毕业，有一次约纳特邀请这所学校的孩子们到她家做客，曾讲过一个故事：“说有一个孩子在上课的时候特别喜欢向他的老师提问，第一天上课的时候，老师问他一个问题，他没有回答，结果第二天他准备了一团泥，拿在手里，上课的时候向老师提问，问老师：‘这团泥在一万年前是什么样子？在一万年以后又会变成什么？’老师不仅回答了这个难题，而且还表扬了那个孩子。”从此，这则故事就成为这所学校教学中的典范，他们非常鼓励孩子在上课时提问，甚至还专门开设了一门提问课和辩论课，因为在犹太人的教育理念中，问号代表一切。这位 Hanna Shachar 老师认为，每个班分成若干个小组，在上课时进行讨论的效果非常好。

4.2 “我反对任何考试”

在和以色列黄金教育学校老师们座谈的时候，我还向 Hanna Shachar 老师请教：“中国实行的是应试教育，您对这种以考试为主的教育方法如何评价？”

Hanna Shachar 是专门研究创新学校的专家，曾于 2007 年在中国出版过一本书名叫《创新学校——组织和教学视角的分析》（中国轻工业出版社 2007 年 1 月版），被列为“全国中小学校长培训参考用书”。

Hanna Shachar 老师斩钉截铁地回答：“考试真的不好，考试只能培养死记硬背的人，考试以一小部分的成绩代表一个人的全部，非常不好。”接着，她给我画了一个圆，把圆分为若干个扇形，每个扇形代表一个人的一种特长和爱好，有的人喜欢唱歌，有的人喜欢跳舞，有的人喜欢工作，有的人喜欢运动，有的人喜欢帮助别人。如果一个人的每项成绩都不高，说明他不仅没有特长，而且有缺陷，他的心就关上了；如果一个人的成绩有高有低，他的成长的各个扇形就像盛开的鲜花，他的心就开了。一旦他的心开了，他的潜能和天赋就会被彻底激发出来。在这所小小的乡村学校，就尝试着这样的教育，这就是 PenZA 所倡导的“GET 模式”。

一个理想的学生应该对知识充满好奇，对未知的领域具有毫不犹豫的探索精神，思想开放，富有社会责任感，愿意为一个有价值的目标而艰苦工作。每一个学生爱好什么，能够做什么，都是自己选择的结果，老师的作用不是告诉他们应该做什么，而是充分激发他们的潜能。

华东师大的校长李培根曾经说过，中国的学生没有质疑能力。他在 16 分钟的开学典礼讲话中，先后 82 次提到“质疑”二字，就是说中国的学生不善于质疑，也不善于提问。

爱因斯坦曾经说过：“我一辈子反对权威，不幸的是我自己也成了权威。”所以，犹太人之所以能培养那么多诺贝尔奖得主，和他们的父母与老师从小培养孩子学会提问和质疑的传统是分不开的。中央电视台曾经播过一部 11 集的《走进以色列》的专题片，里面提到有一个雕塑家，他用石头雕塑了一个作品，就是一个大大的问号。包括以色列的总统佩雷斯在自己的演讲中，也提到了犹太人善于提问的传统。如果说用一个符号代表犹太人的科学精神和思维传统的话，那就是一个大大的“问号”。

有一个真实的故事，1970年的诺贝尔物理学奖得主拉比获奖后，有人向他请教说：“你是怎么获得诺贝尔物理学奖的呢？”他回答说：“我获得诺贝尔物理学奖，全靠我妈妈。”“那么，你妈妈是怎样培养你的呢？”拉比回答说：“我妈妈没有怎么培养我，每天回家以后就问我一句话，‘孩子，今天你在学校提问了吗？你问了一个什么样的好问题？’从此以后，我就养成了一个提问的习惯，自然而然地就获得了诺贝尔奖。”

经过20多年的研究，我终于发现：提问是犹太教育最核心的秘密。提问有五大好处：第一，善于提问的人具有强烈的好奇心、求知欲和较强的探索精神，这些人未来更容易在自然科学方面获得成就；第二，善于提问的人具有的较强的观察力和想象力，这些人将来能在艺术、文化方面具有创造能力；第三，提问能够锻炼人的语言表达能力，表达能力强的孩子自信心更强，容易在未来的商业领域取得成功；第四，善于提问的人具有较强的逻辑思维能力，擅长在哲学人文领域获得成就；第五，善于提问的人更容易解决问题。正因如此，犹太民族才人才辈出。

除了让孩子从小学会提问，家长们还要从小培养孩子的动手能力和实践能力，着力于把孩子培养成从小就有目标的人，更重要的是把孩子培养成具有五大智慧的人。所谓的五大智慧，首先是绿色的智慧，即创造的智慧。第二是黄色的智慧，即情商，一个人没有情商，遇到困难就没有自信，很容易改变目标。第三是蓝色的智慧，即开放的思维模式，培养孩子如何与世界和谐相处，是一种和谐与平衡的智慧。第四是红色的智慧，指一个人的野外生存能力和团队精神等，即实践的智慧。第五是白色的智慧，即学习的智慧。

究竟什么是好的学生和好的学校？在犹太人心目中有 11 条标准：1. 有兴趣学习；2. 好的社会生活，对国家民族有利；3. 成绩好；4. 学生没有痛苦，有痛苦也能向别人倾诉；5. 老师爱教学，能发展，有自由度和力量，有好的环境；6. 小班授课，师生可以多接触，每个人一个辅导员；7. 除了高考统考，还有学校自己的毕业项目。老师要帮学生自己做项目。灌输式的方式是上个世纪的落后方式；8. 学生要会提问题，不仅要记忆，还要回答问题——会提问题的学生收获更大，要向政府发问，向教授发问；9. 学生做项目要教给他们基础知识，把握项目的关键；10. 多给学生提供社交和实践的机会，让他们有可能接触一些重要的人和不同的人——要有机会参观访问，每次在外住宿两三天；11. 老师要发现家长的长处，同家长紧密合作，共同达到目标，让学生学会自己管理自己。

以色列的文化就是书的文化、智慧的文化和上帝的文化，老师的地位不仅高于父亲也高于国王，而且对学生要具有献身精神，要用自己的德行和才智为孩子做出榜样。以色列的父母在任何情况下都不准打骂孩子，而且必须学会赞美孩子。所有的父母每天都要赞美孩子，因为一旦某一个家长经常斥责和辱骂孩子，就会导致自己的孩子没有自信心，没有自信心就不会成功。成功和敬畏上帝是每一个犹太人与生俱来的责任和义务。

2012 年春天的某一天，我和我的以色列老师 PenZA 感知实验室创始人 Erez 先生在北京共同举办一场名为“如何把孩子培养成世界精英”的演讲。演讲一开始，Erez 就讲了一则故事：

在英国有一名妈妈，她有一个孩子非常厌学而且淘气，连续进了几家学校都被要求退学，在绝望之际，那位母亲找到一名教育专家去咨询。教育专家连续对孩子提出了若干问题以后，也觉得这个孩子“无可救药”，他打算告诉这位孩子的妈妈，自己已经无能为力了。但是，职业的习惯让这位教育专家不能当着孩子的面，告诉他母亲这残酷的“事实”。他让孩子到隔壁的房间里等一会儿，为了不让孩子感到无聊，他打开了收音机，收音机里正好播放音乐节目。当这位教育专家走出隔壁房间时，透过房间的窗户看里边的孩子在干什么，结果发现那个孩子正在随着收音机里的音乐翩翩起舞。于是他马上改变了主意，到另一个房间对孩子的母亲说："也许您应该把孩子送到一所舞蹈学校。" 20 年以后，这位曾经被许多学校认为"不可救药"的孩子，成为美国百老汇著名的音乐剧《猫》的编舞。

故事感动了在座的每一位观众。Erez 也激动地说，"有时候，正是教育坑害了那些有才华的孩子。如果没有那扇窗户和那双善于发现的眼睛，也许又葬送了一个天才。"在犹太人眼中，每一个孩子都是天才，关键是我们能否激发他们的潜能，让他们变成真正的"天才"。所谓的"天才"有两种类型：一种是精神气质的天才；一种是技能的天才。在当今的以色列，教育部主要推广的就是天才教育，全以色列总共有 54 个天才儿童中心和 98 个特殊教育班。天才的孩子叫 Soup，每年在以色列只有 10 个，全以色列现在总共有 12538 个学生是天才儿童，这些孩子都是通过层层的测试选拔出来的。首先按照 15% 的比例进行地区性选拔，然后再按 5% 的比例进行省级选拔，最后一批天才儿童按 3% 的比例进行全国性选拔。每年有 8 万名孩子接受测试。据说在以色列有这样一个天才儿童，她有一个计划，要在2035年发明一个机器人，取代所有的医生。因为所有的人都想当医生。

在Erez创办的一所GET学校，老师们反对任何考试。他们认为考试成绩只能代表每个人的很小一部分才能，用这很小的一部分才能去代表一个人的综合素质，这是非常不公平的。GET是以色列最著名的未来教育模式，尤其在加利利地区非常著名。以色列所有的教育权威都认可GET在提供教育环境上取得的巨大成功，孩子们都喜欢在GET学校学习，在那里不存在厌学的孩子。GET是目前在世界上被教育界公认的最先进的教育模式。

面对明天的竞争，孩子内心是否拥有强大的力量？面对未来的危机，孩子是否拥有从容应对的能力？未来世界的竞争比现代社会还要激烈，想要迎接未来的挑战，必须把我们的孩子培养成精英。这就是“世界第一商人”犹太人的精英教育，也是诸多金融大亨、哈佛大学校长和诺奖得主父母所奉行的黄金教育法则。我多次考察以色列这个孕育了犹太人的神秘国度，并渴望从犹太人那里为中国的教育寻找改革的出路。我希望自己的墓碑上将来写上这样一句话：“正是这个人，从犹太人那里为中国的孩子盗来了智慧、幸福和创造力的种子。”

在中国只有学习的智慧，甚至连智慧也谈不上，只有死记硬背。而孩子要想真正迎接未来的挑战，就必须会提问，能解决问题，有目标和理想，成为一个真正有智慧的人。而这一切的开始，就是你每天在孩子回家的时候问他:“孩子，你今天你提问了吗？”

我们的孩子必须成为真正的世界精英。什么是世界精英？我认为，世界精英不是简单的有钱人或是社会上所谓的成功人士，而是具有世界眼光和人文情怀，并能站在人类立场看待问题的人。精英是有高贵品格的人，有高情商，不会因自己的情绪变化而随意改变目标,能够经常反省自己,宽容别人并与世界和谐共处；精英是会提问和能解决问题的人，用科学的眼光看待问题，自觉地探索未知的世界和宇宙的奥秘，勇敢地面对一切失败；精英是有理想和目标的人，能够修复这个残缺不完美的世界，体现自己生命的真正价值；精英是有道德的人，正直地说话、正直地做事，有非常强的社会责任感。总之，精英是有智慧的人，用开放的眼光看待问题，用智慧改变命运。

4.4 知识是甜蜜的

马克思、爱因斯坦、弗洛伊德、毕加索……这些世界级的巨匠都是犹太人。

以色列民族在教育方面具有许多优秀的理念和传统，例如，他们重视灵魂和信仰、恪守有节制的生活，他们捍卫真理，追求真正的人生智慧。犹太教育专家认为，中国教育缺失的六大价值观是灵魂、品格、智慧、道路、真理和生命的教育，揭示出中国家长和老师在教育中的误区。

中国的教育成功地让40%–50%的孩子不喜欢上学，成功地让许多考试培训机构满大街都有门脸，我们有责任也有义务帮中国的孩子找回失去的童年和欢乐。“中国的大学是培养驴的地方”，在中国的大多数所谓“教育专家”眼中，教育就是一门有关考试的技术活，无关乎灵魂、品格、道德和信仰等超验概念，也无关乎人和历史的关系，无关乎人和社会的关系。中国市场提供给父母的读物也多为工具性的，缺少系统性、理念性的教育思想。因此，在“虎妈”“狼爸”当道的浮躁大背景下，我们要在暗淡无光的中国教育界中发出自己的呐喊。

犹太人认为，没有人是贫穷的，除非他没有知识。拥有知识的人拥有一切。而真正的知识和智慧是甜蜜的。正因如此，犹太人养成了全民好学、全民信仰知识的悠久文化历史传统。

典型的犹太人家庭有个风俗就是，在孩子识字始，把蜂蜜滴在《圣经》上，让他们尝到知识的“甜蜜”。后来，这成为犹太小学生的入学第一课。孩子上学的第一天，穿戴整齐，被父母或有学问的人领到教室。在那里，每位孩子都可以得到一块干净的石板，石板上有用蜂蜜写成的希伯来字母和简单的《圣经》文句，孩子们一边朗读，一边舔掉石板上的蜂蜜。随后，拉比们会分给孩子们蜜糕、苹果和核桃——让孩子们一开始就感受到学习的神圣和知识的“甜蜜”。

几乎每个犹太家庭从小就培养孩子们具有理性思辨色彩的学习精神。父母一般会这样问孩子：“假如有一天咱们的房子被烧毁，你将带什么东西逃跑呢？”如果孩子回答是金钱或钻石，母亲会进一步问：“有一件宝贝比金钱和钻石更重要，而且更容易携带，那是什么呢？”要是孩子仍然答不上来，母亲就会说：“孩子，这件宝贝就是你聪明的大脑。这件宝贝不仅最容易携带，而且会终身陪伴你。”正因如此，犹太人从小就懂得智慧的重要性，再加上学校教育和对《圣经》及《塔木德》的自觉学习，全方位的人生观、世界观、处世观、金钱观早早就形成了，有头脑的人自然容易成才。

赫尔曼·黑塞在《荒原狼》中写到了一个“魔幻剧场”，剧场的门口写着这样一个牌子：“只对疯子开放。

准入价格：你的头脑。”在这个“魔幻剧场”中，是一个非常温馨、多彩、自由的世界。每个人不仅大胆地发挥自己的想象力，而且敢于嘲笑自己和其他人的疯狂幻想。正如爱因斯坦所言：“如果一个想法一开始不是荒谬的，那它注定是没有希望的。”因此，犹太式课堂鼓励每个人发挥疯狂的想象力，并大胆地自由讨论。

我在一次演讲中，曾向企业家们提问：“人活着的意义究竟是什么？”一位女企业家的回答是：“快乐。”我当时问她：“难道还有比快乐更快乐的事吗？”犹太小提琴大师梅纽因在一次答记者问中回答了这个问题：“生命的意义在于快乐，我的快乐就是分析作品，想象自己喜欢怎样去聆听；生命的意义在于将我们最迫切的需要升华成艺术，无论是生活艺术还是美食艺术。”梅纽因还说，人类还需要在快乐中不断学习，否则生命的终极意义便会离我们远去。任何人都无法预测死后会发生什么事情，永恒的生命不允许有未来。因此，对于一个犹太人来说，不仅学习是一种信仰，而且真正的知识是甜蜜的。

千百年来，犹太人恶劣的生存环境、强烈的危机感，铸就了犹太人特殊的生存智慧。以色列建国之初首先制定的一部法律就是《义务教育法》，规定5至16岁的孩子必须接受义务教育，并且到18岁均为免费教育。深刻地认识到“教育是创造以色列新民族的希望所在”“没有教育，就没有未来”，以色列在艰险的战争环境中边打仗边建设，仅用一代人就实现了经济腾飞，从落后的农业国变为发达的现代国家。

以色列的科教兴国是动真格的。20世纪七十年代中期以来，以色列教育经费投入一直仅次于军事经费，占GDP8%以上，超过了美国等发达国家。第五任总统伊扎克·纳冯在总统任期届满后，又“屈尊”担任了政府的教育部长。以色列科研费、工程师占比世界领先，每万人中从事研究开发者达160人，居世界之冠（美国为90人）。人均风险投资也居世界第一，有近4千家高科技公司，仅列美国之后。政府在各种教育设施上不惜投入巨资。以色列国土面积2万平方公里，比北京（1.68万平方公里）略大，有100多个建筑精美的博物馆，1000多家设备齐全的图书馆。

中国著名教育学者杨东平教授曾经访问过一所特拉维夫附近的小学，是以前总理沙龙的名字命名的，共600多个学生，每个班20–30人，是一所设施齐全、新建的普通公办学校。但学校的办学理念却十分高拔。据校长介绍，其教育哲学是三个原则:革新、创业精神、创造力。令人感到这似乎应当是大学的教育哲学。具体来说，学校以达·芬奇提出的七原则作为教学方式:

好奇心：对生活无限的好奇和对知识的无限探索。

论证：通过经验、执着和甘愿从错误中学习的毅力检验知识。

感觉：不断提高感觉尤其是视觉的感知能力，以此作为丰富经验的手段。

开放：欣然接受模棱两可、悖论和把握不定。

艺术、科学：科学与艺术、逻辑与想象之间平衡发展。

均衡：培养优雅与健康的平衡。

联系：认识并理解一切事物及现象之间的内在联系。

这些原则无疑包括了最重要的教育理念，开放性思维、重视感知、重视科学和艺术、逻辑和想象的平衡等命题都在一定程度上回应了犹太人整体教育成功的原因。但是，它在实际的教学中如何体现？例如创造力的培养，真的是小学生可以操作的培养目标吗？没想到校长很明确地回答：通过动手能力的培养，操作和手工。她不无自豪地介绍了学生通过纸浆手工制作的花盆，加以装饰美化，自己种的花。在室外的空地，也有学生自己种的鲜花和蔬菜。学校认为无论是学习外语、烹饪一道美食或者富有效率地工作，都有助于使人成功。

杨东平先生观看了学生们的歌唱。名为美丽的女孩曾经在广州生活过，用中文演唱了《茉莉花》。在四年级的阅读课上，孩子上台汇报自己读的书，与同学分享。在一间小教室，一名老师在单独辅导2名学习后进的学生。在楼下，3名老师陪读着6名轻度自闭症的学生，帮助他们学习如何过马路。恰值以色列最重要的逾越节（耶稣最后晚餐之纪念日）前夕，学生们都化装为不同的形象，极为兴奋活跃。课间，学生围着我们极尽表现之能事。与国内的经验比较，孩子们的天真活泼是相似的，只是这里完全没有人为的布置、教师的规训。

早期的教育是在家庭进行的，父亲负有主要的责任。这正是希伯伦圣经中称祭司为“父”的由来。在早期的圣经教育中，由于书籍极为稀少，主要的媒介是父亲而不是典籍，老师的人格才是学生所读的文本。而且，犹太父母对子女的教育不仅是传授历史和道德，传递犹太文明的传统，教授《托拉》，也包括谋生技能。

希伯来文明很早就对智慧与知识有透彻的认识，将教育视为寻求智慧之路。有些研究者指出希腊人与希伯来人在智慧认知方面的区别：希腊人认为知识是通往美德的大路，头脑的能力是通过美善人生的途径。希伯来人则认为，上帝才是智慧的终极来源；他们倾向于认为智慧是实用的技能，手艺和技巧是智慧的侍女，如同好的讲道是教人如何将上帝智慧应用于日常生活。因而，智慧是成功应对人生难题的日常能力，有智慧意味着在特定领域内具有技巧、技能去做好某件事，能够做到尽善尽美。“智慧（hokhmach）的真义是具有良好的判断力、能力或技术。”

希伯来人对知识的理解同样发人深省。他们认为对一件事有“知识”，不只是思考它，而是体验它。希伯来文动词的“知”的含义是亲密地相会、经验和分享。所谓“知道”，不是纯粹的脑力活动，而是“实行”，是行动。人要动用自己的整个存在才能“知道”一个对象，正如男女之间的恋爱。知识是行动的意义，也包括关怀他人。

犹太文明与希腊文明的重要差异是，希伯来系统是以上帝为起点，认为“敬畏上帝是智慧的开端”，是“认识上帝”；而希腊人的目标和宗旨是人，是“认识你自己”，它产出了西方文明主流的理性主义。正是这样的分野，使犹太教育具有一种灵性的气质。如同犹太教历史上一直是基督教的异端，是现实世界的异见分子、反对派；犹太教育也具有这种与众不同的特征，“因为上帝就是与众不同的！”犹太人就是用这样“圣洁”的目标将自己与其他民族区别开来：“希腊人学习是为了理解，希伯来人则是因为敬畏”。显而易见，这种灵性、超越性是真正的天才所必需的精神气质。

此外，犹太人的教育是一种全民教育，是人人有份的。比较而言，希腊人的博雅教育是只面向贵族的闲暇教育，认为从事劳动的下等人不配接受教育。希伯来的思维则“完全没有这种观念”。这或许就是散落在世界各地犹太人的成就如群星闪耀的原因之一。而希伯来著名的教育箴言是“教养孩童，使他们走当行的道，到老也不偏离”，其中包含了这样的意义：家长必须仔细地观察孩子，提供机会使每个孩子用创意活出自己的人生。即帮助孩子去选择正确的路，从而使学习成为甘甜可口、充满惊喜的过程，使孩子得以“完成自己的使命”。家长需要发现奥秘，但这个奥秘是在孩子那里，而不是在家长这里。家长的使命并不是告诉儿女应当做什么、成为怎样的人，而“必须在他们的智慧面前谦卑下来”。

重视家庭教育，重视动手能力、劳动技能和技巧，通过行动获得知识，通过对知识超越性的追求走向智慧和灵性，而且人人有份，这是不是犹太文化独特的教育智慧？如果在知识和智慧的认知上，在希伯来文明、希腊文明之外再加入中华文明的视角，又会有什么样的发现呢？

创造性不是来自于辩论或闲聊，而是来自于认真的思考和与持有不同观念之人的真诚对话。哲学式的逻辑思辨式的对话，体现了对真理的探索和人类的尊严，并非要说服别人。佛陀教导我们，在愤怒、怨恨和欲望中永远不会开悟。而犹太圣典《塔木德》则说："智者就是向所有人学习的人。谦恭始于敬畏，敬畏始于好奇。"因此，一个美好的课堂，要为孩子们种下好奇、对话和理解的种子，师生之间最理想的关系则是平等的良性互动。犹太式课堂不仅要充分激发每个学生的学习兴趣，挖掘每个孩子的潜能，提高每个孩子理解世界和社会的能力，还要为他们通向未来打开若干扇窗户。所有琐细的情绪则无关紧要，犹太智慧与智者同行。

4.5 与众不同的黄金教育模式

我在讲"没有灵魂的人永远不会忏悔，过有节制的生活，人类的全部尊严在于智慧，问号代表一切，捍卫生命的价值和尊严，思想能不能烤出面包"这些纯形而上的话题时，大多数出版社的编辑和大多数家长都不感兴趣，因此这本书的写作显然是不合时宜的。但是，我们不能漠视的一个现实是，中国尚有很多孩子不喜欢上学，而许多考试培训机构却遍布大街小巷，我们有责任也有义务帮中国的孩子找回失去的童年和欢乐。我引进以色列黄金教育模式的目的，就是帮助中国教育界做一点实事。

孩子是我们真正的产业，对孩子的投资就是对未来的投资，再多的金钱也弥补不了孩子教育的失败和家庭幸福的失败。我们不应该做金钱的奴隶，让我们同孩子和事业共同成长。犹太教育智慧的精髓就是制定游戏规则和玩游戏，价值观就是游戏规则，而“鼓励提问”和举行“成年礼”都是玩游戏。而这一切的开始，就是你每天在孩子回家的时候问孩子：“孩子，你开心吗？今天你在学校提问了吗？”

当我们提到这个问题的时候，就会引起许多家长痛苦的回忆，因为大多数的孩子在学校并不开心。当他们满脸怨气地回到家时，家长就会埋怨老师教得不好，而大多数的老师则会把责任推到家长身上。我在江苏徐州演讲的时候，一位家长给我看了一封他孩子的老师发给他的短信，短信这样写道：“最近有些家长对孩子的学习非常不负责任！家庭作业错题不改！试卷上错误很多！家长视而不见没有检查签字！希望这些家长能重视孩子的学习！给孩子树立好榜样！”这位家长对我说：“这条短信一连用了6个叹号，连一个逗号都没有，谁给了老师这么大的权力？我们做家长的又有什么办法呢！”而这一切都是打着“为了孩子茁壮成长”的旗号。难道孩子们就快乐吗？他们既埋怨家长又埋怨老师，于是老师、家长和孩子就成了三个独自抱怨的个体。其实他们本来是一伙的。

以色列黄金教育模式的目标，在于帮助孩子们为未来人生各个方面做好准备，开发每个孩子的个性倾向和天赋，在互相尊重和友好礼貌的前提下鼓励言论自由，帮助孩子们找到个人价值，不仅为自己而且为他的祖国做出贡献。而这些目标都需要老师、家长和学生共同合作来实现。

那么，黄金教育究竟能为中国的孩子带来什么启迪呢？真正的教育就是让孩子愿意上学，因为学习充满乐趣，没有惩罚。通过创新和自由教育，让学习效率大大提高，父母、老师和孩子们之间互相支持，达到多赢的效果。同时，开发以下五种自然智力：创造力、成长、获得新生的能力；人性、领导力和目标设定的平衡能力；道德与和谐的智力；实践、推理和应用能力；新知识的获取、学习和记忆能力。

黄金教育核心的理念是：每个小孩都有天赋、天资和天才，并能够实现个人价值，完成人生的使命。

它帮助家长通过新的方式开发孩子的这些能力，

而不是提一个准绳性的总体要求。

真正的教育好比不断变化的图表，每个年龄段都在自然更新。因为未来所有的事情现在都不可知，教育就同样需要帮助孩子们应对未知的未来。

所以，我们家长需要跟着孩子变化的脚步一同改变。

犹太人认为，家长与孩子的关系有五个基础：

(1) 每个孩子都是天才。

(2) 提供选择：孩子早期教育中涵盖大脑和心灵的培育。

(3) 建立限制：建立保护性限制的情况下，允许有真正的自由，建立限制与自由达到平衡的原则和方法。

(4) 制定家庭协议与合约：如何正确达成协议并应用。

(5) 召开家庭会议：照顾到每位家庭成员的需要，让家庭环境清洁快乐。

当下的中国教育界，缺乏的并不是技能，而是理念，我们有必要认真研究和学习来自另外一个古老民族的成功经验。发了财并没有成功，真正的成功是拥有知识和智慧。文化和智力的寿命比金钱更长。人们赞美一个有钱人，不是赞美他这个人，而是赞美他的钱。

每一个无知的富人的每一次炫耀，就是一次炫耀俗气的聚会。学者常到富翁家走动，因为他知道财富的价值；而富翁却不经常到学者家走动，因为他不知道知识和智慧的价值。把你所具有的东西卖给需要他的人，这不叫做生意；把你所没有的东西卖给不需要他的人，这才叫做生意。智慧像磨刀一样，越磨越快。

4.6 一个国家的强大，主要取决于它在教育方面的投入

2011 年 1 月 18 日上午，我们访问了以色列谢克特学院。谢克特学院是一个非营利性组织，它成立于 1984 年，致力于加强和传播犹太教育，通过渊博的知识和先进的教育理念来巩固犹太传统，每年要培训以色列和东欧约 35 万成年人和儿童。这个学院的办学宗旨非常坚定而明确，即把犹太教育的传统以开放的胸襟和包容的方式输送到数以百万计的犹太人中，他们深信学习犹太教育传统是任何一个犹太人与生俱来的权利。也就是说，谢克特学院的主要培养目标就是拉比（犹太教神职人员）和未来的犹太精神领袖。

首先讲课的是舒拉教授，她的演讲题目是“犹太儿童教育和艺术”，她通过演示一些犹太历史上的图片，

来给我们阐述犹太儿童早期教育的观念和方法。犹太人在小孩上学的第一天，要把蜂蜜抹在《圣经》的字母上，告诉孩子们“书是甜的”，同时还要给孩子们鸡蛋和蛋糕吃，并要到河边去，告诉孩子们《圣经》像河一样无止境，犹太父母想方设法用各种感性方法来激发孩子们的学习兴趣。犹太父母不仅要传授给孩子们知识，还要传授给孩子们更多的慈善和爱。几乎每一个犹太的节日大家都要读一本书，父母要把书中的内容传授给孩子，通过象征性的东西让孩子们了解历史。让孩子们提出问题来学习，带领孩子们玩游戏，来促使他们提问，要引导每一个孩子至少问 4 个问题，从而强化他们的记忆，让他们不去背叛历史。

40 分钟后，谢克特学院的主席大卫教授也来欢迎我们，他不仅展示了犹太披肩和门轴卷，还为我们吹起了羊角号。犹太人的许多节日不仅要读书，还要诵经和忏悔，通过羊角号的声音来召唤世界上所有的犹太人回归以色列，并提醒他们在新的一年里修正自己的错误。羊角号对于成年人是一种提醒，对于孩子们来说，则是一种教具，提醒他们要行善。在听完这节课的那天晚上，我自己也买了一只羊角号和一个犹太披肩，以后讲课的时候我也要用它们武装自己。羊角号我不会吹，练了一路，结果引得同仁们哄堂大笑。

等考察即将结束返回特拉维夫的时候，我在美国大使馆的门前，终于吹响了羊角号。全车的人都为我鼓掌喝彩。

第二个考察项目，是拜访以色列教育部。以色列教育部的官员莱昂教授出面接待我们，她非常热情地说：“我曾经到过北京，参观过中国的课堂教学，中国课堂里的孩子太听话了，这是我们最惊奇的，也是我们最羡慕的。”同行的教育考察团王大龙团长在答谢辞中说：“感谢您用表扬的方式批评我们，希望我们能够相互交流，取长补短。”

莱昂教授接着说：“什么叫犹太教育，很难用一句话说清楚，这是一个非常复杂的问题。一种是家庭灌输给犹太孩子的传统教育方式，另一种新的方式就是倡导和引导孩子们主动提问。”这一观念对中国的家长和教育界具有特别的启迪意义。中国的孩子从小不敢于思考，不善于思考，而犹太教育的核心就在于让孩子从小就学会主动提问，问号代表一切。

此次接待我们的以色列主要官员就是这位莱昂教授。夏皮罗是以色列新任教育部长，律师出身，同时也是犹太拉比。他是由新成立的以色列第二大党“未来党”推出的部长，旨在推动新一轮教育改革。他毫不讳言，犹太人就是一个“讨厌和谐的族群”。与日本强调礼节、和谐的文化相比，犹太人更喜欢直接冲突。他们敢于问问题，喜欢对话和争论。因此，他更加大胆推动新的教育制度——让学生高中毕业后，到小区服务一年，同时去旅游和流浪。他希望以色列的年轻一代，能够用自己的力量，去寻找自己的灵魂和人生愿景。

在他的眼里，所谓有意义的学习，有三个内涵：第一是要学会思考，当你学历史时，不能只局限于了解表象，还要提出有价值的问题；第二，要能感觉到历史对你现实生命的意义，历史对你意味着什么；第三，要参与体育运动和社会活动，要从你的椅子上站起来，用行动改变社会。另一种意义，就是拿历史和现在来思考未来。让过去和未来坐在一起，那才是有意义的学习。

夏皮罗倡导："孩子们从小应该有远大的梦想，愿景是生命的真正味道。因为每个人每天都会问，我为什么会在这里？为什么不在瑞典或法国？这里的牛奶和巧克力都不便宜，天气又热。你会有很多有关认同的问题。我小时候，老师告诉我，在许多国家，如果街上有坏人来打你，打倒在地上，没有人会来帮你。在以色列会有一半的人跑来帮你。但现在，我不确定是否仍然会如此。为什么？因为是认知的问题，是伦理的问题，也是有关社会公平的问题。所以我们需要优质的教育，不只是学习的问题。我们需要的是文化、是环境、是人文氛围、是语言表达，是要找到我为什么要帮你的理由。”

为什么犹太人有那么多创业家，那么多创新者，那么多人获得诺贝尔奖？

夏皮罗回答说：“犹太小孩13岁就要有成年礼，那时会问年轻人，你有什么问题要问？给我们一个好问题。对你的老师、你的老板，要学会问问题。”在以色列，你要是去教书，还没讲两句话，七八岁的小孩先会说：“我有一个问题，对不起，我有一个问题。”这是个麻烦，但这就是以色列教育的秘密，这就是犹太文化。

在中国的教育界，几十年如一日，一直围绕着高考这根指挥棒，让孩子们大多变成了高级的考试机器，而不关心他们是否能够成为未来真正的栋梁之材。正如我的一位朋友所言：教辅读物已成操纵整个教育系统的核心——他们在利益最大化的追求下，绑架了全国的中小学生和他们的家长，形成了巨大的产业链，而且花样翻新的伎俩特别多。网上还有特级教师的演讲，好像是在讲观念，实际上仍然是为了牟取暴利。最恐怖的不是钱被骗，而是一至三代的孩子被毁掉。

所以，目前中国有良知的知识分子仍在大声疾呼：救救孩子，把孩子从考试的桎梏中解救出来。

我不知道以色列教育部长的观点对我们正在进行的教育改革有无启发?

第五章 1+1=11或111——以色列经济奇迹对中国经济的启示

5.1 智慧 幸福 创造力：人类永恒的价值观

人们可以根据幸福的观点来思考历史……但是，历史不是幸福成长的沃土。在历史记录中，幸福时期都是空白页。

——黑格尔

生活本身的目的就是获得幸福，追求幸福让众生殊途同归。

——安妮·弗兰克

美国MC公司曾受哥伦比亚政府和私营企业委托，研究哥伦比亚安第斯山区的皮革制造商怎样才能扩大向美国的出口，并提供相关建议。

该公司首先采访了美国各地大约两千家零售商，他们对哥伦比亚手提包的反馈意见是：定价太高，质量太低。

然后，该公司又向哥伦比亚的皮革制造商了解他们的产品为何质次价高。皮革制造商的回答是:“这不是我们的过错，全怪向我们供货的鞣皮厂。因为政府保护这些鞣皮厂，对进口皮革征收15%的关税，从而导致我们很少用进口皮革。”

接着，MC智囊团再去调查哥伦比亚鞣皮厂。这些鞣皮厂采用劣质化学药品，对附近土壤和水造成严重污染。厂主们解释说:“这不是我们的过错，都愿那些屠宰场。他们向我们的提供的生牛皮质量太次了，为了赚更多的钱，他们把牛皮弄破了也毫不在乎。”

该看看屠宰场的管理者如何回答了，他们挥动着秒表，满不在乎地说:“这不是我们的过错，都怪那些牧场主。他们为了防止那些偷牛贼偷牛，就往牛身上打了太多的烙印。烙印多了，自然就把牛皮弄坏了。”

MC的专家长途跋涉，行驶在泥泞的路上，鞣皮厂的化学污水把他们的鞋都弄坏了,牧场主回答说:“这不是我们的过错，都怨哥伦比亚的牛不好。为了驱赶叮在它们身上的蚊蝇和挠痒，这些牛老往铁丝网上蹭，把皮都蹭破了。”最后MC的专家终于得知哥伦比亚的牛皮手提包打入不了美国市场的真正原因:“原来是哥伦比亚的牛太蠢了！”

在一个社会的经济发展和致富过程中，会有各种各样的因素，除了一个国家的自然资源、金融资源、知识资源、体制资源和人力资源以外，最重要的还有文化资源。它不仅指文化的有形表现，如音乐、艺术、语言和礼仪传统，还包括与社会繁荣有关联的国民心态和价值观。而人们却常常忽略最后这一点。

所谓的价值观，一般分为两类：终极性价值观和工具性价值观。终极性价值观是指个人价值和社会价值，用以表示存在的理想化终极状态和结果，他是一个人希望通过一生来实现的目标；工具性价值观指的是道德或能力，是达到理想化终极状态所采用的行为方式和手段。价值观决定人的发展目标和行动导向，以及为了达到这种目标和方向所采用的道德手段。

为了中国下一步的可持续发展与社会繁荣，我们应该做的正确的事情究竟是什么？我们所应秉持的正确价值观究竟是什么？这是值得我们每一个人思考的大问题。

现代人为什么不幸福？

一位美国的百万富翁曾吐露心扉：“我曾经认为金钱能够买到幸福，但我的幻想现在已经彻底破灭。我每天忙忙碌碌，金钱什么都买不到。”

一位出镜率非常高的中国著名影星精神接近崩溃："我拥有金钱、美貌、魅力和知名度。我应该是世界上最幸福的女人，可是现在我却痛苦不堪，不知道人活着的意义究竟何在。"

一位大学四年级的学生感叹道："我今年23岁，经历太多以致变老了，我已经厌倦生命。"

一位退休老干部说："我是一位老人，经历了一辈子的荣华富贵和金钱美女，来日无多。年轻人，你能否给我一线生命的希望？"

几乎所有的人都厌倦金钱，渴求快乐和幸福，连一位马戏团的著名小丑都跑去找医生看病。他对医生说："我非常孤独、沮丧和痛苦，你能帮帮我吗？"那位医生对他说："我建议你到马戏团找一位著名的小丑，他能够让每一个沮丧的人都开怀大笑。"那位病人说："我就是那位著名的小丑。"

现代人为什么不幸福？穷人也不幸福，富人也不幸福，官员也不幸福……人类究竟面临什么样的危机？中国究竟面临什么样的危机？世界目前的危机真的只是简单的金融危机吗？为什么频发生态灾难和气候危机？为什么GDP增长了，但是我们仍然不幸福？为什么校园悲剧和家庭悲剧频发？为什么人类追求幸福收获的却是痛苦？为什么人类渴望和平导致的却是战争？为什么人的欲望永远得不到满足？生命的意义究竟是什么？为什么到处都是灾难和危机？人类的道路在何方，未来究竟在哪里？难道发展的结果一定是毁灭吗？这一系列的问题摆在了我们的面前，让每一个个体都充满了困惑和矛盾。

用金钱衡量经济表现和生活水平的做法，显然已经非常落伍。从衡量经济生产转向衡量人们的幸福，并保证社会的可持续发展，这是十八大以后我们应追求的方向。幸福是多方面的，在评价物质幸福时，应着眼于收入和消费，而非生产。我们还应该重视每个家庭收入的增长，以及综合考虑收入和消费与家庭财富增长的关系，并把收入标准扩大至非市场的活动，每个家庭的生活质量取决于人们的客观条件和能力。幸福是多维的，它包括人们的物质生活水平（收入、消费和财富），健康、教育、政治权利、经济和人身安全、社会关系，以及所处的生活环境状况。而这一切问题都非常重要，可惜的是都和GDP没有关系。

中国社会面临的“四大危机”

《圣经·箴言》(29:18）说：“看不见前方，人类将灭亡。”用爱因斯坦的话说就是，问题不可能在其自身发生的层面被解决，对一个问题的解决总是需要提升到一个更高的水平才有可能实现。

在现在的中学物理课本中，有一段描写中国境内最著名的沙漠——塔克拉玛干沙漠的故事说，许多在沙漠探险的勇士常常迷路，不管他们多么勇敢和聪明，没有一个人是单靠自己的力量成功穿越这个沙漠，都因迷路而丧生。他们之所以失败，主要是因为他们在沙漠中搞不清楚如下三个问题：

我的位置在哪里？

我的目标在哪里？

如何到达我的目标？

如果搞不清楚这些问题，死亡就是结局或终点。如果把我们的人生和社会也比喻成一段在沙漠中探险的旅程的话，导致灾难和危机的根本原因就是我们没有解决好第二个问题，丧失了我们的目标。或者说许多人虽然有目标，但由于判断力的缺失，错误地选择了目标。人类真正的敌人是无知，而最大的无知是不知道自己的无知。其实我们整个社会的发展也是如此，错误地选择了我们的目标，才导致了现在的危机：经济危机、粮食危机、交通危机、教育危机、环境危机等等，而且危机越来越多。大到人类、国家和民族，小到单位、企业、家庭和个人，危机每时每刻都困扰着我们。

我认为，中国社会面临的有四大深层危机：

严重的贫富两极分化。

严重的环境污染和资源的枯竭。

国学热阻挡不了道德的沦丧和信仰的危机。

始终根治不了的权利腐败问题。

再回到刚才那个沙漠的故事，虽然所有的勇士都死在塔克拉玛干沙漠中，但在20世纪末的时候，一个德国妇女却成功地走出了那个“死亡之海”。为什么呢？因为在那时，人们已经发明了全球定位系统GPS，GPS很简单地就解决了导致人们失败的前两个问题。那么，能够指引全人类和全中国走出危机的GPS存在吗？如果存在，这个GPS究竟是什么呢？

解决这个问题的GPS包含了三个内容：你的位置在哪里，你的目标是什么，以及用什么样的方法完成你的目标。每个人的位置都在不断变化，这涉及如何对自己和对这个时代充分地认知。而后两个问题就涉及了终极目标和完成这个目标所使用的方法，其实这就是我前边所说的价值观的两个维度：终极性价值观和工具性价值观。有了终极性价值观，我们的目标就明确了，就很容易找到我们的发展方向，否则我们一直在盲人摸象。

我的回答是：“这是一个野蛮的物质主义时代，也是一个考验我们智慧和灵魂的时代。”十八大以后，需要重塑我们的国家价值观。

智慧、幸福、创造力：人类永恒的价值观

西方著名哲学家帕斯卡尔说：“人类的全部尊严在于思想。”而我则认为，“人类的全部尊严在于智慧”。所谓的智慧，指的就是一个人在生命中所体现出来的知识、技能、洞见和才智。我认为，智慧的三大范畴就是：洞见、理性和谦恭。“洞见”就是别人告诉你一件事，你马上就能判断出这件事情的真假、对错和美丑，洞见来自于你的经验和直觉。而所谓的“理性”，就是指一个人从理智上控制自己行为的能力。理性是认识的高级阶段，是在感性认识的基础上，把所获得的感觉材料经过思考和分析，加以去粗取精、去伪存真、由此及彼、由表及里的整理和改造，形成概念、判断和推理，从而揭示事物的本质和规律。所谓的“谦恭”，指的是一个人对人的谦恭和对上帝的谦恭，体现一个人的内在道德修养和精神境界，而道德就是最高的智慧。因此，对智慧追求，是一个人提升自我的终极目标和归宿。

犹太民族被全世界公认为最智慧的民族。在希伯来语中，智慧同时用来形容技巧和思想，是一种使生

命走向成功的能力。无论是摆脱危机的能力还是纺纱织布的能力，都属于智慧的范畴。据说，当一位拉比到一个劳动场所的时候，人人都必须放下手中的活，起立向他致敬。但是犹太教有一个传统，唯有木匠和其他工匠不必停下来，因为他们的工作同拉比一样尊贵。也就说，犹太人把拥有一种技能也当作一种智慧。可能在我们中国人的眼中，智慧仅仅属于头脑聪明的人或做思维体操的人，像老子和诸葛亮之类。但犹太民族不同，他们认为拥有技能的人同样是有智慧的人，也同样值得尊敬。犹太谚语有云："有朋友和有智慧的人，永远不会破产。"

《圣经》上说："智慧人的法则就是生命的源泉，可以使人远离死亡的网罗。"而西方人则普遍认为，智慧就是拥有高深的思想。相对于普通人来说，他们更愿意把哲学家当作有智慧的人。无疑，哲学家就是有智慧的人，而且像苏格拉底、佛陀、老子和耶稣这些智者先知们，他们设法解放了智慧，向人们提供了无限的可能，提供了喜悦和幸福，让智慧渗透在道德和洞见之中。智慧不仅是人类灵魂中神圣和不朽的部分，同时也是一种生活的艺术，倘若没有智慧，人类就不可能实现精神的升华和进步。智慧的双重居所，一方面在地球、宇宙和世界中，另一方面也在人的心灵和大脑中。对于人来说，智慧始终只是一个“客人”，如果我们不去善待它和追求它，人类的精神生活和道德生活永远不能得到提升。因此，智慧应该是人类永恒追求的价值观。

如果说智慧是人类赖以生存的“阳光”的话，幸福就是人类赖以生存的“空气”，而创造力就是人类赖以生存的“水”，三者缺一不可。德国著名汉学家鲍吾刚曾写过一本书，名为《中国人的幸福观》，试图给幸福下一个精确的定义，但最后还是失败了。他认为，考察什么是幸福，要从宗教、社会和物质三个方面来入手。在宗教领域里，中国人认为“幸福”指的就是“祝福”和“荣耀”；而在社会生活领域，中国人所谓的幸福指的就是：富足、繁荣、和平、祈福、快乐、开心、愉悦、满足和享受好时光；而在物质领域，中国人追求的幸福就是指：多子多孙和获取财富。对幸福的描绘，就仿佛我们要捕捉空气一样，虽然能感觉得到，但常常一伸手就无影无踪。而美国历史学家达林·麦马翁在《幸福的历史》一书中则从形而上的高度来描绘幸福，他一开头就引用了诗人波普的一句话：“啊，幸福，我们生存的终点与目标！我们为了你而活下去，也因你而敢于踏上死亡的征途……”他认为，追求幸福的过程本身已价值不菲。用德国哲学家黑格尔的话说就是：

“人们可以根据幸福的观点来思考历史……但是，历史不是幸福成长的沃土。在历史记录中，幸福时期都是空白页。”而德国哲学家康德则认为，“幸福是如此不确定的一个概念，以至于尽管每一个人都希望获得幸福，然而他永远都不能够明确地、一贯地说出他真正的希望和想要的东西究竟是什么。”幸福基本上是一种主观的东西——不论是幸福的承诺，还是对幸福的渴望和幸福本身所散发出来的诱惑，无时无刻不充斥在我们生活的周围。人类应当获得幸福，有权力获得幸福，同时也能够获得幸福。

哈佛大学心理学博士犹太人泰勒·本－沙哈尔曾写过《幸福的方法》一书，并在哈佛大学开设过一门有关幸福的课程，先后有800多人选修了他的“幸福课”，被称为“哈佛大学排名第一的课程”。他说：“越来越多的人想解决一个悖论——财富好像带给我们的并不是幸福。”他认为，人类必须要了解幸福的真相，必须要进行自我反思和行动，生命的终极目标应该是获得幸福，幸福就是要反思物质财富和精神的关系，幸福就是要爱自己和爱他人。时间压力严重地破坏了人们的幸福感，缩短了人类的时间，同时城市化和高楼大厦也破坏了人们的幸福感。只有开放的思想加上有分辨力的头脑和心灵，才能架起通向幸福的桥梁，也只有东西方智慧的相互嫁接，才能够让幸福自由地通行。谦恭带来的是开放的头脑，而骄傲带来的则是武断，幸福就是过“快乐而有意义的生活”，真正的幸福是经得起挫折的考验，人们永远都可以更幸福。而“积极心理学之父”马丁·塞利格曼则写了另一本有关幸福的大作《持续的幸福》，他认为，人类对“真实的幸福”与“持续的幸福”有不同的理解，帮助别人不仅仅是一种美德，还是一种提升幸福感最可靠的方法。要想获得持久的幸福，有五条路径，即所谓的“幸福2.0”的五个元素，它们是:积极的情绪、工作的投入度、充满意义的人生、积极的人际关系和体现人生价值的成就感。一个真正和谐的社会，不仅能够最大限度地保证每个人的权利不受侵犯，同时又能够给每一个人提供发展蓬勃人生的机会。追求财富的目的不应当是盲目地创造更高的GDP，而是创造更多的幸福。公共政策的制定，都应该围绕着幸福感这一指标来衡量。

在喜马拉雅山麓的深处，有一个信奉佛教的小国不丹，为人类寻找幸福的治国政策探索了一条新路，被全世界誉为“最幸福的国家”。与此同时，在地域狭小的中东，也有个在干旱和沙漠中创造奇迹的“世界上最小的超级大国”——那就是以色列，被誉为“创业的国度”。

以色列一切经济奇迹发生的秘密，统统和这个国家把教育立国和科技兴国作为基本国策是分不开的。而其成功最核心的精髓就是，以色列人具有极强的“创造力”和创新能力。

一个民族要想可持续发展，就必须追寻“创造力”，创造力是一个国家和民族赖以生存的“活水”。所谓的创造力，是人类在21世纪生存和成功的关键条件，也是每一个人都具备的基本特质，同时也是人类资源中最丰富的潜能。有创造力的人是具有远见、决心、求异思维、逆向思维、发散性思维和前瞻性想法的人，激发创造力的六项资源是：智慧、知识、思考形态、人格特质、动机和环境，并以“买低卖高”和市场需求为导向，综合嫁接使用这些资源。知识经济时代需要有创造力的国民，创造力成为一个民族发展的核心竞争力和一切有价值事物的DNA。正如美国创造力研究大师罗伯特·斯滕博格在《智慧·智力·创造力》一书中所言：“创造力是一种产生新异的、高质量的，适合于任务的产物的能力，可以提高个体生存和繁衍的机会，是一个民族适应能力和对人类文明贡献的集中体现。”

让个人变得聪明和有智慧，让家庭变得更加和谐幸福，让企业和政府更具创造力，这是人类永恒的价值观。

5.2 为什么GDP增长不等于社会进步

2010年的时候，中国大陆《新京报》发表了一篇文章，名为《山西国土面积1/8被挖空，原有模式不能再持续》。文章说：

> 国务院召开新闻发布会，正式批复山西设立“山西省国家资源型经济转型综合配套改革实验区”，这是中国第9个综合实验区。

新中国成立以来，山西省产煤100亿吨以上，其中3/4贡献给了全国各地，形成了煤炭、焦炭、冶金、电力四大产业占整个工业产值的80%以上，因此，当2009年国际金融危机来临的时候，山西省的经济增长速度排在全国最后。山西万元GDP耗能和二氧化硫排放相当于全国平均数的2倍以上，而且带来了严重的生态危机。山西每开采一吨煤要消耗2.48吨水，到2010年以前，山西采煤形成的采空区达到2万平方公里，相当于山西总面积的1/8，而且山西城镇人均可支配收入和农民人均纯收入都排在全国20位以后，山西省的经济不可持续发展。

很显然，这是一个很严峻的事实，不改革和创新就意味着死亡。

改革的目的：一是为了生存，二是为了发展，不仅是追求物质的进步，更重要的是追求人和社会的全面完善，按现在的说法叫“科学发展”。对此，著名心理学家弗洛姆在《在幻想锁链的彼岸》一书中，已有深刻的论述：

> 马克思和弗洛伊德关于历史问题的分歧是相当明确的。马克思始终坚信人类的进步和完善，这一信念植根于从预言家经过基督教、文艺复兴到启蒙运动各个时期的西方思想传统中。而弗洛伊德，特别是第一次世界大战以后的弗洛伊德则是一个怀疑论者。他认为，人类的进化问题实质上是一场悲剧。不管人要干什么，必然以失败而告终；如果人还能还原成为一个原始人的话，那么，人就会得到快乐，但却失去了智慧；如果人继续是更为复杂的文明建设者的话，那么，人将变得更加聪明，但却更为不幸，更为病态。在弗洛伊德看来，进化是一种模棱两可的赐福，社会干的坏事和好事一样多。马克思则

> 认为，历史总是朝着人的自我实现这个方面前进的；不管任何特定的社会能产生什么样的罪恶，社会总是人的自我创造和发展的条件。一个“善的社会”也就是善者们的社会，即全面发展的、健全的并富有创造性的个人的社会。

那么，经济发展或科学发展观的本义究竟是什么？

按照美国经济学家金德尔伯格的观点，经济发展的一般定义包括：物质福利的改善，尤其是对那些收入最低的人们来说；根除民众的贫困，以及与此相关联的文盲、疾病和过早死亡；改变投入与产出的构成，包括把生产的基础结构从农业转向工业活动；以生产性就业普及于劳动适龄人口而不是只及于少数具有特权的人的方式来组织经济活动；以及相应地使有着广大基础的集团更多地参与经济方面和其他方面的决定，从而增加自己的福利。金德尔伯格认为，经济发展的特征含有一些崇高的目标，出于对人类可能进步的坚定信念，解除贫困和消灭贫困成为对人类智慧的巨大挑战。此外，经济“增长”和“发展”虽然是同义词，但内涵却明显不同：经济增长指更多的产出，而经济发展则不仅包括更多的产出，还包括产品生产和分配所依赖的技术和体制上的变革，以及高尚的道德意义。“正如在人类身上一样，强调增长着眼于身高和体重（或者说国民生产总值）；而强调发展则注重于机能上——素质协调的改变，例如，指学习能力（或者说经济上的适应能力）。”

纵观西方经济增长和发展的历史，首先是非经济因素在西方摆脱贫困的过程中起了很重要的作用，其中包括19世纪各国政府所起的作用；其次是组织管理和市场经济的作用；城市化的发展对人类文明的进步也起了很大作用。从社会意义上看，从贫困走向富裕是物质福利方面的一个进步。关于国民生产总值、国民收入或实际工资的统计数字并不能充分体现这一进步。死亡从来就是最大的威胁，而由贫困走向富裕，首先就是远离死亡。其主要的指标就是关于寿命、死亡率和婴儿死亡率的统计，摆脱瘟疫也是从贫困走向富裕的一个变化。贫困通常是与文盲、迷信、无知和孤陋寡闻的生活联系在一起的，走向富裕不仅意味着住房的改善，还意味着消除文盲和迷信，让个人享有更多的文明、安宁和自由。正如《西方致富之路》一书所言：“贫富社会之别并不仅仅在于哪个社会拥有较高的人均国民生产总值，而在于富裕的社会为其成员创造了完全不同的生活。”

因此，科学发展观的首要基础就是判断社会进步不能唯“国民生产总值”或GDP马首是瞻。按照华尔街资深评论家和预言家犹太人彼得·希夫的观点，“国内生产总值（GDP）的增长意味着一国经济健康、快速发展”完全是谎言，“GDP基本无关经济的健康与发展”。彼得·希夫认为：

> GDP虽然一向被认为是衡量国民经济发展的一个重要指标，但实际上却存在一个重大缺陷，那就是它只反映了经济总量的增长，而忽视了自然资源的稀缺性，没有将环境和生态因素纳入其中，也未将经济的可持续发展考虑在内。而且，破坏性活动同生产性活动一样，都被计算在了GDP内。这样一来，横扫新奥尔良的卡特里娜飓风也增加了美国的GDP，尽管它造成了重大的人员伤亡和财产损失。其他如预防犯罪开支、离婚费用、医疗费用和国防开支等也都被记入GDP内。

GDP的另外一个严重缺陷，就是它不包括任何非货币性交易。比如，维系一个家庭的正常运转是不计入GDP的，因为这无须支付薪水，但是照顾老人和孩子，如果不是由家庭成员，而是由保姆来承担，就会计入 GDP，因为雇保姆是需要花钱的。同样的道理，志愿者的活动也不会计入 GDP，因为这并没有涉及开支。

用于生产的自然资源的消耗会增加 GDP。

收入分配被完全忽略。如果一个家庭拥有整个国家的收入，而其他人一无所有，那么这个家庭的收入会增加 GDP。

和制造污染一样，清理污染也会增加 GDP。埃克森的“瓦尔迪兹号”油轮漏油事故就增加了美国的 GDP，因为这是花钱雇人清理的。

同理，借贷消费也会增加 GDP，即便这些外债是由我们的后代来偿还的。

此外，GDP 数据还经常会被统计人员篡改。比如，政府可以通过活期支票账户增加 GDP 等。如果一个企业花费 100 亿美元购置了一批电脑，而这些电脑与先前购置的电脑相比，性能提高了 5 倍，那么政府在记入 GDP 时，100 亿就成了 500 亿。在某些人眼中，这或许是一种理所当然的计算方法；但在彼得·希夫看来，这是明目张胆的操纵。

尽管 GDP 存在种种缺陷，但它还是被用作衡量一国经济增长的指标。美国庞大债务之所以被认为是正当的，就是因为它和 GDP 之间的比例与先前相比并未发生大的变化。

殊不知，真正创造财富的那一部分（如制造业、矿业等）在GDP中所占的比例正在不断萎缩。在美国的GDP中，有超过70%来自消费，而这在任何时候都有可能崩溃，因为支撑消费的是庞大的外债，而不是国内的生产。

一个社会从贫困发展到了富裕，却没有使人民对这个社会感到满意，这当然是可能的。事实上，自我满足的人民能否由贫穷发展到富裕，首先就是大可怀疑的。一般来说，身体健壮而心理上不安的百姓甚至可能比由于饥饿而麻木的百姓更难对付。然而，即使是大多数人和国民真的富裕了，按照科学发展观的理论，也还是要渐进而可持续地全面发展，更多地鼓励制度创新和科学文明，更少利用自然资源和破坏环境，充分地体现民主自由和公平的精神，这样，这个社会才能健康有序地发展。否则，这个国家只能是经济上的“暴发户”，很难成为世界上先进生产力和先进文化的代表。

2008年2月，全球金融危机逐渐逼近之时，法国前总统萨科奇因对经济和社会统计信息的现状不满，曾要求两位诺贝尔经济学奖得主斯蒂格利茨和阿玛蒂亚·森与法国著名经济学家让－保罗·菲图西共同组建一个名为“衡量经济表现和社会进步的委员会”，目标是对现行的GDP指标体系进行评估，讨论是否重新建立更加合适的社会进步指标体系，并评估使用其他衡量工具的可行性。该委员会的报告最终于2009年9月在萨科奇总统主持的一个研讨会上公布，内容分为三个部分：传统的GDP问题、生活质量问题、可持续发展和环境问题。报告全面分析了GDP作为衡量社会幸福程度的指标体系的局限性，介绍了一系列大胆的新概念，从可持续的经济福利量到储蓄和财富的评估以及“绿色GDP”，为综合衡量国际经济增长与社会进步提供了一系列新的建议。

萨科奇总统在报告前言中说道：

> 如果我们不希望我们和我们的孩子，以及我们的孩子的孩子的未来充满金融、经济、社会和环境灾难——他们最终将是人类的灾难，那么我们就必须改变我们的生活、消费和生产的方式。我们必须改变决定我们的社会组织和我们的公共政策的准则。
>
> ……
>
> 这场革命首先是一场我们头脑的革命，一场我们的思维方式、思想倾向和价值观的

革命，才能是完全彻底的。

该报告指出：如果GDP在增长，但多数人却感觉他们的境况在变糟，那么他们就可能担心政府在统计数字上造假，目的是希望通过告诉人们他们境况变好了,使他们觉得自己的境况真的变好了。在这些情况下，人们对政府的信任度会下降，而随着人们对政府信任度的下降，政府处理对公众至关重要事物的能力将被削弱。全球化本身已经意味着，一个国家国民的幸福可能与这个国家的产出有明显差距。具有讽刺意味的是，政府过于关注GDP，而不再关注GNP，尤其是在世界面对全球变暖的危机时，专注于GDP可能非常不合时宜。因为，GDP增长并不代表社会进步。

该报告和萨科奇总统提出的问题在全球引起了共鸣，甚至在该委员会开始运转前，不丹政府就已经致力于建立一种国民幸福总值（GNH）的衡量标准，泰国也在着手于建立自己的指数。世界银行的首席经济学家斯蒂格利茨尤其关注对GDP影响的判断，如何有可能导致对资源开发的错误决策。为了增加GDP，许多发展中国家一直加速对自然资源的开发和自然资源的私有化运动，即便这会导致大量利润流向海外。在这种情况下，GDP有可能增长，但国民的生活可能更糟，这还不包括资源的消耗以及环境的污染。很显然，GDP 并不能代表社会的真正进步，GDP 和国民幸福之间并没有必然的联系。

毋庸讳言，中国的市场化改革已经取得了举世瞩目的伟大成就，与此同时社会矛盾也在积累和增加。中国的改革已经进入了深水区和大转型的时代，而且刻不容缓。未来中国向何处去，这是任何一个中国人都无法回避和绕过的重大理论和现实问题。因此，中国要想真正可持续发展，使每个国民过上幸福而有尊严的生活，必须抛弃“GDP 主义”。

5.3 爱学习的民族进步快

没有教育就没有未来。

——以色列首任总理本－古里安

对教育的投资是有远见的投资。

——以色列女总理梅厄夫人

读书决定一个人的修养和境界，关系一个民族的素质和力量，影响一个国家的前途和命运。一个不读书的人，不读书的民族，是没有希望的。

——中国前任总理温家宝

1948年5月14日，犹太民族在历尽屠戮和两千多年的大流散之后，终于建立了自己的国家——以色列。然而，作为以色列国民的犹太人却面临着巨大的困难与挑战。

首先从地理角度看，以色列的情况就很难令人乐观。全国近2/3的土地面积是沙漠，境内没有一条能用来灌溉和发电的河流。以色列的大部分国土除沙漠外就是盐碱地，土壤碱性很强，极不利于农作物的生长。严重缺少可供利用的水资源，全国只有北部有一个不大的淡水湖，人均年可用水资源只有360立方米。按国际标准，年人均占水量5000立方米以下就算贫水或者半贫水，以色列无疑属于世界上最贫水的干旱国家之一。而这个国家的其他自然资源也同样贫乏。可以说，新生的以色列除了太阳、大海、沙漠、盐碱地之外什么也没有。

其次，从人口角度看，建国之初以色列人口仅有49.8万人，而且大多是1904—1948年期间从世界各地移民来的。尽管犹太人普遍文化和教育程度较高，但由于受各自原所居住国家文化的影响，要使他们以及后来的移民融为一个新的民族还有许多困难。来自世界各地的犹太人，在外貌服饰、生活习惯、思想观念等方面存在着极大的差异，使他们来到一起唯一的东西是共同的理想和共同的追求，即建设犹太人自己的国家。

再次，以色列建国后一直处于阿拉伯国家的包围之中，与周围国家冲突不断，先后进行过 5 次大规模的战争。直到今天，它与巴勒斯坦仍处于严重的对抗状态。自建国以来，以色列这个年轻的国家一直面临着关乎国家生死存亡的战争威胁和各种政治、经济、外交等难题的考验。1948 年 5 月 14 日以色列宣布成立之后，战事延绵，冲突不断。这个新生国家所面临的内外困难是罕见的，也是极为严峻的。

然而，1948 年建国后，根据这个古老的民族、年轻的国家面临的诸多难题，全国上下达成了一个共识：以色列最重要的资源是人，人的资源要得以最充分最有效的利用就必须依靠教育。这一共识形成之后，以色列确立了以教育开创国家未来的立国思想，强调必须以教育来使每一个以色列家庭和个人体面而幸福地生活在这个新的国家里，用教育来提升全体以色列人的素质，使他们能迎接来自于内外部世界的诸多挑战。总之，教育、学校、知识是以色列国家的未来，也是每个以色列家庭和个人的希望，是年轻一代和整个世界的希望。应该说，这种观念与犹太文化中重教崇智的传统完全是一脉相承的。

在以色列的知识界里，一直流传着一个真实动人的故事。1950年初春的一个深夜，第一任教育部长扎尔曼－阿兰打电话给总理本－古里安的秘书伊扎克－纳翁，要他安排第二天与总理共进早餐。早餐会上，总理问阿兰，是为何事竟如此着急。阿兰说，大量东欧移民涌入以色列，我们要培训他们学会生产和生活，而国家只有3所技术学校和1所工科大学，远不能满足人民生存和发展的要求。我需要2000万美元，在两年内建成20所技术学校来应付急需。当时，2000万美元对百废待兴的以色列来说几乎是家底之数。然而，总理没有皱眉头，只是问秘书能安排多少。秘书说最多1000万。于是总理立即拍板说，给你1000万，不过要在1年内建成10所技术学校①。

从建国至今，以色列政府各部门，从总理府开始，

---

① 以色列是实行议会制和总理内阁制的国家，规定内阁部长必须由议员担任，总理则是由议会占多数的党魁担任，因此总理可以动用自己的权力罢免持反对意见的内阁部长以实行自己的执政理念。特别是刚刚建国之初，战时内阁的权力更大，总理往往一言九鼎，对国家事务有绝对发言权。

无不为教育振兴竭尽全力。政府各部门都设有专门处理教育事务的机构，并且相互之间通力合作，为教育开设绿色通道。

在这种举国重视教育的体制下，以色列接受教育的人口从建国初期的14.1万人迅速扩大到21世纪头几年的近200万人，55年间增加了14倍；接受高等教育的人数（包括在高等教育机构进修的人员）也从建国之初1635名在校学生逐年扩大到目前24.5万人，55年间增长近150倍。截至1998年为止，20岁以上的以色列犹太成年人口有30%达到（或超过）13年的正规教育，17%达到（或超过）16年的正规教育，高等教育培养出来的人才和人均高科技指数按人口比例列居世界第一，科学家和技术人员的比例高于其他发达国家，达到135个工程师／万人的水平（超过美国的85个工程师／万人的水平）。不断培养出来的大批高质量人才对以色列的持续发展和科技进步起到了至关重要的作用。

全国680万人口中，教育适龄人口约220万，其中90%以上接受各种教育（接受正规教育的幼儿教育人口30.5万、中小学教育人口143万，中学后教育人口5万和在高等教育机构攻读各类学位以及进修的学生24.5万）。尽管战争不断，并且近几年巴以之间冲突加剧，政府在重点保证国防预算的同时，在教育方面仍不惜投入巨资，教育预算自建国以来一直维持在国家预算的8.5%至10.1%之间，仅次于国防预算。在国家经济高速发展和教育进入了良性循环之后，教育预算也一直保持高投入。在20世纪最后10年间，国家教育投资一直呈稳步增长的态势。1990年，国家教育总投入是39亿谢克尔，1992年是63亿谢克尔，1994年是104亿谢克尔，1996年是164亿谢克尔，1998年是196亿谢克尔，2000年是207亿谢克尔。进入21世纪之后，尽管出现经济不景气，但2001年的教育投入仍保持230亿谢克尔（以上均按1990年可比价格计算），占当年国家总预算的9.35%，约占当年国内生产总值的5%（2001年的国民生产总值是4560亿谢克尔），在世界先进教育国家中位居前列。在教育经费开支中，中央政府和地方政府承担国民教育的费用占全部支出的80%，其余20%分别来自幼儿园和高等教育学费、教材费、各种教育服务以及海外捐助。

以色列政府在各种教育设施上不惜投入大量的人力和物质资源。在这个人口仅680万的国家，小至几百人的基布兹，大至特拉维夫这样的时尚都会，均建有环境高雅、藏书丰富的图书馆或阅览室，全国出版各类杂志近1200种。据联合国教科文组织1988年的一次调查，以色列14岁以上的人平均每月读一本书，平均读书量居世界第一。热爱学习、崇尚读书在以色列蔚然成风。周末午后，漫步风光秀丽的特拉维夫海滩，人们不难发现，除了嬉水的泳客，更多的是躺在海滩上读书的本地人，其中既有中老年人，也不乏年轻男女。

犹太民族是一个讲求实效、精打细算的民族，若非有利，犹太人是绝不会浪费一分钱的。但凡与以色列政府各部门打过交道的人，都会有一种极难抹去的印象，即上至国会、总统府、总理府以及作为国家门面的各个部委，都不是壮丽辉煌、标新立异的建筑，而是适用即可的普通房舍。作为国家最高机关的国会，只有内阁部长和常驻议员（小组委员会主席）有一间10平方米左右不带私人卫生间的办公室。作为国家门面的外交部（旧址），也占地不足百亩，仅仅由十几座平房组成。为数不多的几个会客室，只能是预约使用，绝无空置房屋，更无空阔豪华的大会堂。为了腾出闹市黄金地段，外交部于2002年在国会山附近建成新楼。新是新，但不时尚，只是实用。作为主持日常工作的司长办公室，只是一张办公桌，两把接待客人椅子的斗室而已，连日常办公的电脑设备，也略显陈旧。相比之下，遍布以色列各地的校园，无论是大学、地区学院还是犹太中小学就显得环境优美、校舍崭新、课室敞亮、设施完备精良。用犹太人的话说，政府办公，不耽误工作即可，作为教育后代的场所却是关乎国家兴替的长线投资，倾尽所有也不为过。其实，就日常办公而言，大学的行政办公机构也是因陋就简，与教学大楼相比，无论是房舍还是设施都相当逊色。除特拉维夫大学行政和学术行政大楼按我国国内大学标准略可一比之外，魏兹曼科学研究院、以色列理工学院、本－古里安大学和巴尔伊兰大学的行政办公楼仅仅是小楼一座，希伯来大学和海法大学则是集合学校、院、系、图书馆以及教学于一楼（希伯来大学群楼平铺，一如巨型迷宫；海法大学则在海法最高的迦密山上，一楼矗立如擎天之剑），而学校行政办公场所仅跻身一隅。

以色列高度发达的教育，不但大为缩小了来自世界各地的犹太人的差异，也造就了以色列社会所需要的各类人才，在一些领域里，以色列竟然出现了令人意想不到的人才过剩现象。如果按人口平均法计算，以色列每 4500 人中就有 1 名教授，这在世界上比例是最高的。在当今世界多数国家匮乏人才，尤其是高级人才的状况下，以色列反而人才过剩，实在令人羡慕。以色列狭小的国土和规模有限的经济容纳不了如此众多的各类学者、专家和教授，许多人由于在国内找不到工作或不能发挥所长而移居欧美。

以色列国内不生产石油，但它却是中东地区最重要的石油加工者之一。以色列国土中有一半是寸草不生的沙漠或半沙漠地区，但它却能让沙漠中开出鲜花来，它能做到农产品进出口综合平衡后自给有余，而且这是靠仅占人口约 4% 的农民做到的。以色列国内不产钻石，但其钻石加工业却是王牌产业之一，每年出口值达 30 多亿美元，是世界上最大的钻石供应国。以色列的军事工业更是闻名于世界，它不但能生产供自己防卫所需的各种常规武器，而且也能生产诸如坦克、飞机、无人驾驶侦察机、预警飞机、精确制导导弹等世界顶级高精尖武器，其产品大量销往国外。以色列人为什么能够做到这些？其原因在于他们的工程技术水平高，而归根结底与他们爱看书、善于学习、精于钻研的思维传统和社会风尚有直接关联，他们能在一般人根本看不到的机遇中找到生存和发展的活路。

从 20 世纪 90 年代以来，以色列高技术新兴产业异军突起，并成为国家最重要的产业部门和出口创汇的主要产业群体。电信产品、网络技术、计算机软件、机器人，以及自动化控制设备等具有世界先进水平，某些方面甚至领先世界。每年，这类产品的出口都在80亿美元以上，占以色列工业品出口总额的近60%。其中，电信产品占有世界5%的市场份额。

小小的以色列在短短半个世纪里就成了令世人刮目相看的国家，被称之为“中东的瑞士”。

令一般人羡慕不已的是以色列人的经济生活水平。现在以色列人的年均收入业已接近2万美元，官员们自豪地宣称以色列已经达到了发达国家水平。

1992年诺贝尔经济学奖得主犹太人加里·贝克尔认为:“我们对大多数国家观察的结果是：作为经济发展的一条经验，提高家庭教育水平，特别是提高妇女的教育水平，人口的出生率就会下降……富人倾向于少生孩子，特别是受教育程度越高的家庭生孩子就越少。因此，我认为教育是一国控制人口最有效的避孕药和最好的解决方式……政府方面应发挥什么作用呢？在促进和资助教育方面应发挥作用，特别是在中、小学方面。尤其是对那些贫穷的人，他们自己交不起学费，那么，政府就应该在这方面发挥主要作用……大多数国家完全或主要由私营企业为雇员提供岗位培训，这是现代人力资源的一个主要组成部分……家庭是人力资源的重要来源，给孩子教育、价值观、训练、知识和培养孩子的习惯。”[①]2005年，加里·贝克尔做客北京大学，发表了题为“知识、人力资本、人口和经济增长”的演讲，其核心观点是，人力资源将在未来的经济增长中发挥越来越重要的作用。贝克尔说：“在21世纪，人力资本将对一个国家和民族的进步起决定性作用，对知识的投资也将获得回报。”《环球时报》记者宋念申采访了贝克尔，并发表了题为“爱学习的国家进步快”的专访文章。

所谓的“人力资本”，在世界上还没有一个公认的、绝对清晰的定义。但贝克尔认为，人力资本包含的主要方面，是人的知识、技能、生产能力、价值观、态度等。他用大量的统计数据证明，无论在发达国家还是发展中国家，学校教育、职业培训及成人教育等，都已经获得了越来越高的回报率。在现代经济中，技

① 高小勇、汪丁丁编：《专访诺贝尔经济学奖得主》，朝华出版社2005年7月版。这些谈话均出自1994年由《经济学消息报》发起的一次跨洋采访12位诺奖经济学得主的活动，该书曾结集为《追踪诺贝尔》一书，由中国计划出版社于1998年2月出版，此为修订版。参与那次署名提问设计的中国经济学家有吴敬琏、林毅夫、张五常、刘世锦、茅于轼等，被访问的12位诺奖得主分别是：米尔顿·弗里德曼、保罗·萨缪尔森、加里·贝克尔、罗纳德·科斯、詹姆斯·布坎南、肯尼斯·阿罗、弗兰克·莫迪里亚尼、劳伦斯·克莱因、赫伯特·西蒙、罗伯特·福格尔、哈里·马克维茨、罗伯特·索洛和莫顿·米勒，除了科斯和布坎南以外，其余均为犹太人。

术和人才已成为经济发展最为关键的要素。以美国为例，在20世纪六七十年代，不同教育水平的人，在工资增长方面似乎变化不大，甚至高学历者的工资增长，还一度出现下降的趋势。1979年，一个美国经济学家写了本名为《教育过度的美国人》的书，书中认为，高学历者工资水平相对下降，是因为受了过高的教育所致。但是，贝克尔说："这本书问世的第二年，情况就出现了变化。"高学历者的工资快速增长，到20世纪末，不同教育水平的人收入差距越来越大。如今，人力资源的投资在美国国民生产总值的增长中，已占有很高的比例。

在北京大学，面对众多学子发表这样的演讲，有其独特的意义。今天，毕业生就业难已成为困扰中国大学生们的普遍问题。不少学生在提问时，都提出了就业市场上高学历者难找工作的现象。贝克尔认为，应当用长远的眼光看待这个问题，在未来5年、10年甚至更长时间里，投资知识的优势终究会显现出来。

爱学习的国家进步快，爱学习的民族进步快，这不仅是犹太人在历尽几千年磨难之后刻骨铭心的体悟，同时也是世界其他优秀民族的共识，无论是德意志民族还是大和民族，都是通过学习跻身发达国家的。因此，本书最大的目的就是推动国家读书节活动的开展，让中华民族也成为一个进步快的民族。同时，也是献给中华人民共和国成立60周年最真诚和珍贵的礼物，并回应前任国家总理温家宝于2009年4月23日在国家图书馆关于读书和学习的重要讲话。

公元167年以后，犹太人进入了长达两千多年的大流散时期，犹太历史也进入了两个分叉：以保罗为首的犹太人演变成基督教的历史，传统的法利赛人则在《托拉》的基础上发展成拉比犹太教，把《塔木德》变成犹太人的第二部“圣经”。犹太人从此变成“一本书”维系的民族，读书成了他们战胜危机和繁衍生存的保障，即信仰战胜苦难、智慧改变命运。因此，在犹太人眼中，读书和写作是非常神圣和崇高的事情。正如一句犹太谚语所言：“如果你想在寒冷的冬天遮风挡雨的话，请你造一座茅草屋；如果你想在无数个寒冷的冬天遮风挡雨的话，请你造一座石头做的屋子；如果你想让整个城市的人都记住你的话，请你造一堵城墙；如果你想名垂青史的话，请你写一本书。”这句话深深影响了犹太人的价值观，以色列几乎所有的房子都是石头做的，非常庄重和大气。而几乎所有的犹太作家都追求永恒，很少有风花雪月和下三滥的作品。

每年的4月23日是世界读书日，所有爱书的人都愿意谈论读书的事。据有关资料显示，中国人年人均读书量非常低，年人均只有4.6本，而以色列年人均读书量却高达64本，不仅远远高过中国，也高过欧美，稳居世界第一。为什么会如此？这和犹太人把学习当作一种信仰并渴望通过智慧改变命运的文化传统是截然分不开的。正如以色列作家阿摩斯·奥兹所言："在漫长岁月里，我们除了书一无所有。"犹太人不仅爱读书，而且会读书，特别讲究阅读技巧与方法，绝不死读书和读死书。《阅读的历史》一书的作者费希尔,《如何听如何说》和《如何阅读一本书》的作者艾德勒都是犹太人。

回眸秦始皇以来2200多年的中国历史，皇权专制和游民文化成为主旋律，一个巡抚也要进入《史记》，中国文化几乎是权力的附庸，中国文人成为调味品和佐料。改革开放30年主要是发展经济，最大的成就是解决了基本生活保障、交通和住房问题，但中国的医疗和教育仍然具有很大发展空间。因此，只有发展高科技和教育才能真正改写中国历史，权和钱的历史已经过去了，高科技不仅影响着人们的生活，也引导着未来的发展方向。而主宰高科技的核心元素还是高素质的人才，而培养高素质人才的核心就是成功的教育。无论是国家还是地区，谁占据了这两个桥头堡，谁就能引领人类的发展方向。美国和以色列的成功，已经为我们做出了榜样，我们的使命就是跟随和超越。

《圣经》中写道，“凡祝福以色列的，必蒙祝福；凡诅咒以色列的，必遭诅咒。”因此，当1976年诺贝尔文学奖得主、犹太文学大师索尔·贝娄在以色列访问两个月后，写道：“圣人说，耶路撒冷的空气，就是这里的空气，能让人产生灵感。”也就是说以色列非常神奇。所以美国政治哲学大师沃格林在《以色列与启示》一书中写道：“以色列是一个把历史当作生活方式的地方，凡和以色列联结的，必将成为历史。”因此，当中国的西部明珠鄂尔多斯选择与犹太人和以色列为伍，就等于与智慧同行。每一个渴望以智慧改变命运的人，也必将成为历史。而且，寻找即找见，叩门就等于开门。

5.4 经济学必须由道德来支撑

谁是罗伯特·奥曼？他是一个数学家还是一个经济学家？他是一个正统的犹太教徒还是一个理性的科学家？他是一个逍遥自在的人还是一个深刻的思想家？

当许多中国经济学家还不知道罗伯特·奥曼是谁的时候，罗伯特·奥曼教授第二次来到北京。许多听起来完全南辕北辙的品格，却在这位犹太经济学大师身上和谐并存。他并不像许多呆板的理论学者一样，把自己完全封闭在象牙塔里。他对滑冰、爬山和亲自下厨的嗜好丝毫不亚于证明一个深奥的数学定理和复杂的经济学问题的兴趣。他对真实生活现象和复杂的社会问题非常感兴趣，并经常用自己的真知灼见来解答这些难题。他是一个顾家的男人，非常有风度和体贴与理解别人，并不乏敏锐而深刻的思想。

罗伯特·奥曼先生于 1930 年 6 月出生于德国的法兰克福，拥有以色列和美国双重国籍，先后毕业于美国纽约大学和麻省理工学院，并获得数学博士学位，自 1968 年开始担任以色列希伯来大学数学系教授。他和美国人托马斯·谢林运用博弈论推进了人们对冲突与合作的理解，共同成为 2005 年度诺贝尔经济学奖得主。

2012 年 11 月 22 日，奥曼先生应对外经济贸易大学中国犹太经济与文化研究中心之邀访问北京，并于 11 月 23 日上午 10:00 在对外经济贸易大学图书馆报告厅发表《犹太典籍中的经济理论》的主题演讲。笔者应邀出席了演讲活动，并于演讲结束后同奥曼先生亲切会谈，还把自己编译的犹太教最重要的典籍《塔木德》和新著《孩子，今天你提问了吗？》亲手赠给奥曼先生，并同奥曼先生合影留念。

奥曼先生在演讲中提到，犹太人的第二本“圣经”

《塔木德》说，如果一个罪犯赎金太高的话，一定有问题。也就是说，如果有人被绑架了，被绑架者向绑架方付的赎金不能太高，否则等于鼓励犯罪。奥曼先生认为，经济理论的重大作用在于研究激励机制。若没有激励理论，经济学是发挥不了作用的。《塔木德》中的许多有关经济学的论述，曾在亚当·斯密的经济理论中出现过。

奥曼先生认为，在中世纪的犹太哲学中就说过，过高或过低的商品价格都会损害市场，定价权在中间商、上游和下游的市场博弈中来确定。合理的价格和有效的激励机制结合起来，才能推动市场的发展。以色列驻华使馆的文化参赞向他问道："如何用博弈论解决巴以冲突？"奥曼先生回答："要想和平，必须准备好作战。这就等于在向对方暗示，如果要发生战争双方都会付出更大的代价。"这可能就是博弈论的精髓。

罗伯特·奥曼先生曾于1955年在一个博弈论会议上见过"计算机之父"犹太人冯·诺伊曼教授，当时奥曼还是一个年轻人，而冯·诺伊曼却是一颗巨星，并在博弈论研究方面卓有建树，一个重要成果就是能够理解最小最大化定理对于经济学的重要性，这就是"冯·诺伊曼－摩根斯坦解法"。后来有一位名为瑟久·哈特的学者采访罗伯特·奥曼，向他问道："世界上充斥着理性的博弈，这与宗教观点一致吗？”奥曼回答说：“宗教很强调一个人的社会生活，并主要教人向善。完全理性的博弈者可能是非常虔诚的宗教徒，宗教显示了一个博弈者的其他动机。每个博弈者都必须对自己的行为负责。当犹太法典《塔木德》对人的行为不能完全约束时，就需要上帝对人做出理性的判断。上帝是思考我们生活的一种方式；用世俗的话说，他告诉我们如何做一个人。”作为一个虔诚的犹太教徒，奥曼认为“安息日”的仪式非常美妙，如果没有宗教，这种美妙是完全不可能的，宗教可以提高一个人的生活质量，并使人的精神得到提升。宗教不允许一个人使用盗版软件，尽管在20世纪80年代的时候大多数人认为使用盗版软件是合乎道德的。在奥曼看来，“上帝万能”并不是犹太教的一个观点，倡导人类的自由意志才是犹太教特别强调的一个传统。《圣经》和《塔木德》都是充满了魅力的文献，它们所涉及的范围非常广泛，给所有的未来科学，包括博弈论留下了大量的研究空间和用武之地。

11月23日上午，我应中国犹太经济文化研究中心之邀，陪同奥曼先生参观游览著名的故宫。由于当天是“安息日”，奥曼先生又是一名正统的犹太教徒，所以在天安门广场和故宫都没有为奥曼先生留影。奥曼先生虽然已经 82 岁高龄，但仍然精神矍铄、白须飘然，虽然滴水未进、粒米未食，仍连续逛故宫 4 个多小时。下午 3 点多，当游览结束时，我再次向奥曼先生请教：“您为什么要游览故宫？故宫的什么东西吸引了您？您能不能用一句话概括在故宫的感受？”奥曼先生风趣地说：“故宫就是中国的象征，来中国不能不看故宫。我从小就对历史古迹和古建筑感兴趣，所以故宫最吸引我的就是它的建筑和建筑中的浮雕与图腾。至于您让我用一句话来概括今天的感受，让我想一想，祝你平安！”

2012 年 11 月 22 下午，罗伯特·奥曼先生应中国国家开发银行的邀请，发表了关于中国金融改革的演讲。他认为，博弈论分析的核心是激励，这也是所有经济分析的核心，总之，什么是经济，经济就是激励。虽然也和钱、投资有关，但是经济和博弈论的重点要素就是激励。他列举了 5 个方面的例子，阐述自己的观点：

> 第一个例子是市场经济。社会主义基本模式是马克思首先提出的：按需分配，各尽所能。我非常欣赏它，但是有一点是我并不认同：人们不会愿意为他人工作，却愿意为自己工作。人们愿意为社会多做贡献，但是

需要有部分利益留给自己。如果没有报酬，人们不愿意付出更多的努力。所以说，这个想法是美好的，但是实现不了。从1979年开始，中国认识到人们需要加入到市场经济中去。社会主义制度在20世纪中得到了巨大的教训。另外一个例子是1986年的越南，我2006年去了一趟越南，发现这里是一个快速发展的美丽的国家。1986年，这里的人们开始进入市场经济社会，人们非常愿意工作，因为他们在为自己工作。我再举一个我知道个大概的例子，以色列的基布兹农场，大家都把它看成一个合作的整体。由50、100或者200个家庭组织在一起，他们没有各自的问题，没有各自的财产。这也是一个美好的想法，但是最后失败了。从长期来看，人们不愿意为别人工作，而更愿意为自己赚钱，为自己工作。这不仅仅是激励的问题，也是建立由市场供需决定的价格问题。在市场经济下，商品的价格不应该由政府来规定，而是应该由市场的供需关系来决定。

第二个例子是法规。法规是需要的，但是应该将这种需要减少到最小，因为它会产生对腐败的激励。法规听起来很好，像社会主义一样，实施起来很难。有些东西需要制定法规去规范，有些东西不需要制定法规。诚实和透明度是需要法规的，竞争机制也需要依靠制定法规来保证。良好的竞争机制需要更多的竞争者参与到市场中来，这样才能降低价格，提高服务。而管理层薪资不需要去规范，政府不应该指导企业给员工发多少薪水；风险也不需要去规范，例如不要指导银行的投资方向，应该由银行自己去衡量投资风险。利率也不需要政府去规范。还有很多方面，政府都不应该去制定法规干涉。唯一需要政府去规范的是诚实、透明度和竞争机制。

第三点是管理层薪资。刚才提到了，管理人员的薪资是不应该拿来规定的，这不意味着公司、金融机构、制造商就不需要给他们的管理人员发薪资。管理人员的薪资构成应该是这样组成的：部分基本工资＋巨额奖金。我不需要向各位银行家解释什么是股票期权，但是我想确定我们所谈论的是同一个概念。这里的股票期权意思是允许公司管理人员在一定的期间内以计划确定的价格购买公司股票。管理人员可以自主选择购买或者不购买股票，但是得保证他们有购买的权利。这样，管理人员会很乐意付出一切努力让股票上涨，他们会很愿意去努力。但是，如果股票下跌，他们就不会去买股票，那么，他们也不会有损失。他们就不会那么有动力工作。所以，给管理人员发的应该是股票，而不是股票期权。给管理人员发薪资应该一半发钱，一半以股票的形式，而且股票5年之内是不可以交易的。这样才是正确的激励。

第四点是紧急救助。当2008年经济危机的时候，AIG几乎垮掉了，但是政府给他们提供资助以保证公司能存活。短期来看，这会产生很好的利益，但是从长期看，这种紧急救助给公司的高管人员和债权人带来了负面的激励。对于国家的公民和债权人来说，也是一样的。像西班牙、葡萄牙、意大利等国家和AIG等企业，从短期来看紧急救助能满足一些利益。长期来看，给高层管理人员和国家带来的是负面的激励。当你提供紧急救助的时候，公司的高管会说：好吧，我会去采取冒险行为，如果公司赚钱了，那我也赚钱了，如果公司亏损了，政府会提供救助的。这样会鼓励冒险行为。现在在希腊有很多麻烦事，公民没有得到保险和社保服务，因为这是法律规定的，所以公民会坚持索取。在政府的救助下，公民的要求可以得到实现。但是这样会加大国家的负债危机，对于国家的信誉度来说，也是一样。长远看，救助只会鼓励冒险行为，而不会促进经济效益的提高。

可见，奥曼先生有关博弈论的核心观点就是：经济学必须由道德来支撑，企业管理的核心就是要发挥激励机制。不知道罗伯特·奥曼教授的理论对当下的中国金融改革有无参考价值？

5.5 犹太诺奖得主纵论中国经济

在我的书中有笑，可是在我的心中没有。

——左琴科《幸福的钥匙》

战争是一件太残酷的事，不能把它完全交给军队；经济学是一件太严肃的事，不能完全指望政客和某些蹩脚的经济学家。

——贺雄飞《经济学的香槟》

1994年的时候，中国著名的《经济学消息报》曾发起过一次跨洋采访12位诺贝尔经济学奖得主的活动。时间虽然过了近15年，但那些诺奖得主对中国经济问题的分析和预测仍然言犹在耳，闪烁着智慧的光芒。其中所涉及的问题，值得中国经济学界和政府管理层重温和反思。

一、“追求经济短期快速增长是危险的”

保罗·萨缪尔森是1970年的诺奖得主，他是著名的新古典综合派的领军人物。他认为：“如果短期的经济增长强劲但却伴随着严重的财政赤字，而后者又来源于超量发行货币的行为的话，那么我认为追求这种增长是很危险的……日本掀起了房地产热，产生了大量‘泡沫’，它还掀起了股票热……而当华尔街的经济被收紧（加强控制）时，日本国内的经济便陷入困境。”很显然，中国的房地产也像日本一样，产生了大量的经济泡沫。

有人将1992年诺奖得主贝克尔的经济学理论称为“经济帝国主义”，即他倾向于认为，用经济学方法（比如每个人都追求效益最大化、市场平衡等）分析其他社会现象，比如家庭经济、犯罪问题等。在前文提到的北京大学演讲后的专访中（见本书《5.3 爱学习的民族进步快》一节），记者把话题引向社会价值观、社会道德的变迁与经济发展的关系上。

贝克尔对这个话题很感兴趣。他说，经济增长与社会道德、价值观变化的关系是双向的，经济增长会改变社会价值观，社会价值观也会改变经济增长。中国人具有很多传统美德，比如勤劳、诚实、注重家庭等，这些都是发展现代经济的优势所在。而随着中国经济发展，一些负面因素必然随之而来，比如犯罪问题、传统价值观的丧失等。他认为，有一些现象是必然要产生的，诸如离婚率上升、人口出生率下降、社会保障出现问题等，而且，随着中国经济的继续发展，这些问题也会更多地出现。“问题是否可以解决？是的，我相信可以，但中国需要为此做好准备，中国不会绝缘于这类问题，”贝克尔说，“它们曾经发生在先富裕起来的香港和台湾，也会发生在大陆…… 人们必须对此加以注意。”

贝克尔还回答了有关中国经济模式以及中美贸易摩擦等方面的问题。他认为，出口导向型经济对中国是有益的。“中国积极融入全球经济，不但向海外市场大量出口产品，同时进口产品很多。对中国来说，开放其经济的措施是非常明智的。”他指出，“相对而言，中国还是一个贫穷的国家。美国花了数十年时间，才将其经济结构由以制造业为主转向以服务业为主，美国和中国的经济发展阶段并不相同。未来几十年内，中国经济如果继续发展，就必然会像美国、欧洲或日本那样，制造业的比重逐渐降低，服务业的比重不断提高。而在中美贸易问题上，我认为，美国不应该对中美贸易增加限制，例如对纺织品设限。对美国来说，采取自由贸易的立场，对其经济发展更加有利。对中国来说，道理也一样。”

贝克尔也谈到中国发展面临的两个问题：第一，贫穷国家相对更容易发展，因为可以借鉴发达国家的技术，具有后发效应，但当穷国逐步富裕起来后，就不可能永远借鉴，而需要发明自己的技术；第二，中国经济也存在着弱点，如资本市场、银行系统及国有企业等存在的问题。“这些问题是可以解决的。解决这些问题也对中国经济持续高速增长有利。”

很显然，中国经济发展面临的问题很多，贝克尔的许多观点非常诚恳,并具有先见之明,值得我们深思。

二、对体制的改造，是中国社会面临的巨大挑战

1993 年诺奖得主罗伯特 · 福格尔认为，“我坚信，除非有政治原因阻碍，必须建议中国政府继续促进经

济增长。我告诉我的学生，在30年内，中国市场将比欧共体更大。不是因为人均收入有那么高，而是因为人口众多。我想这是有道理的。要实现那种高水平的人均收入，我看除了政治上的障碍外，没别的障碍。”

1992年诺奖得主加里·贝克尔认为：“没有适当的体制，就不可能搞市场经济，因此，中国要做的事情似乎在于建立相应的体制。如果体制建立了，就不用为私有化操心了。如果我知道你能提供什么，你也知道我的需要是什么，双方对此都很清楚，我们就不需要什么都由政府来操作。但是政府有必要告知各方的权利和义务……要有些较先进的方法，但要慢慢来，不能快，走快了并不是好事。我记得有句名言，‘当大象过桥时，你停下来让其先过去是明智的。’谨慎为好，不宜操之过急。你们与米勒先生谈过了是吗？我不知道他讲了些什么，但我记得有次他曾对我说，中国需要的不是更多的经济学，而是更多的法律。我同意这个观点。”

1980年诺奖得主劳伦斯·克莱因在接受采访时说：中国应小心对待四个问题。克莱因指的四个问题分别是：收入分配问题、通胀问题、人口问题，以及能源、交通和通信问题。这些问题都是中国的潜在危机，绝不可掉以轻心。

罗伯特·福格尔说:“我认为马克思主义只是一种关于资本主义必须崩溃的理论。它并非关于如何建设经济的理论。它建立在这样一个年代,在这个年代中人们根本没有意识到会有经济高速增长……我的一个也曾获诺奖的朋友同样非常强调体制的关键性作用,也就是说某一些体制比另一些体制更能促进经济增长……我认为从政府角度来看,关键在于怎样建立起那种体制、那种市场形式、那种法律制度,以最有效地促进资本形成,促进高储蓄,促进快速的技术革新,鼓励最有才华的人精神饱满地工作。”

1985年诺奖得主弗兰克·莫迪里亚尼认为:“企业经营的目的不是利润最大化,因为利润是一种不确定的预计的可能性。你为了利润回报要多承担风险,所以,如果你只是为了追求利润最大化,那意味着你将承担所有可能的风险,这将导致资本结构中大量的债务。因为每当你以债务替代资产时,你将提高预期利润……利润不是一种有价值的观念。你应该做的是使公司的价值最大化,那是M–M理论最重要的贡献,即指出了经营管理的核心是什么:不应该基于这毫无意义的利润最大化的观念,而是更有意义的观念,即努力使股东所拥有的公司价值最大。”正是由于中国企业急功近利,缺乏长远的规划和核心竞争力,导致股市的披靡和市场的衰退。

1970 年诺奖得主保罗·萨缪尔森说:“许多化妆品公司,它们卖‘希望’,而不是卖‘美丽’,只是卖‘变得美丽的希望’,买它的人有自知之明,他们希望改进自己的外表,但他们知道自己不可能成为电影明星。我想指出的是,这不是西方经济学的主流学派,它强调我们的大部分欲望都要得到适当的满足,要比得过我们的邻居。有的时候,我们买东西是因为我们的邻居买它们,我们希望显得比邻居更富有,而不是因为买了它真的能使我们更幸福。但胜过邻居使我们感到快乐。”萨缪尔森的话一语中的,中国人对奢侈品的疯狂消费,正是虚荣心和攀比心在作祟。我们应该提倡廉洁和简朴,过有节制的生活。

1990 年诺奖得主哈里·马克维茨认为:“中国具备了向市场经济转变的动机、能力及效率,但与此同时,中国却缺少了平等、财富等因素的支持。因此,对体制的改造无疑是个十分有趣的巨大挑战。”马克维茨的观点很具前瞻性,中共十八大报告中已经把政治体制改革提到议事日程。

加里·贝克尔在谈到有关经济学研究时强调:“独创性强,敢于标新立异,我们在过去历史上一直是这样。就是要在同行中标新立异,与众不同。这样会在同行中不受欢迎，我不介意我不受欢迎。我认为不受欢迎是好事。这意味着我们提出一些与众不同的理论观点……我们希望学生觉得老师提出了一些值得他们思考的问题。不要因为老师曾经说过这是对的，就要他们接受。这是我学生时期就存在的气氛。我们在同事间也形成了一种百家争鸣的气氛。我们在学术谈论会上经常争论不休。我认为这是创造一种良好学术气氛的正确做法……中国这么大的一个国家受到良好的专门训练的经济学家寥寥无几，这是当前最大的压力！”

这些谈话都是20世纪90年代初那次“追踪诺贝尔”的专访中那些犹太经济学家说的，他们不仅都对中国的经济增长持乐观态度，也提出了许多睿智的建议，许多建议即使是放在十几年以后的今天，也还是非常有建设性的，而且大部分问题中国仍然没有解决——但有些建议却被我们采纳得很好，如芝加哥大学的莫顿·米勒提出的多修路建议，他说：“要修路，修公路比修铁路好；不但要修大路，还要修小路；修公路，用铲子可能比推土机更科学。”而中国的GDP虽然靠修路拉动了不少，但存在的问题仍然不少——沿海修路多，内地修路少；铁路修得多，公路修得少；大路修得多，小路修得少；（路修起来以后）吃路的多，养路的少。

三、如何缓解中国社会出现的贫困和不平等现象

21 世纪初的时候，北京大学中国经济研究中心先后邀请过不少诺奖得主作过演讲，罗伯特·福格尔教授先后三次来到北大，都对中国经济做过分析和预测，许多思想对我国的经济建设富有启迪——诸如，1999 年福格尔就预言，到 2015 年的时候，中国汽车的年产量将达到 1000 万辆，而 1998 年时，中国汽车的年产量仅 50 万辆，中国 GDP 的 80% 是来自物质产品，而且只衡量投入，不衡量产出，只衡量数量，不衡量质量，GDP 是衡量不了服务的，中国也缺少服务业；中国的金融体系问题多多，需要改革；中国对医疗保健业的投资不多；总有一天中国将不能容忍环境的恶劣……2012 年北京的雾霾天气再一次证明了他的话是多么的正确。

针对中国的问题，保罗·萨缪尔森还接受过一些中国媒体的采访。他说："中国过去长期实行的是苏联模式的中央计划经济，它造成了普遍的效率低下并使大批国有企业亏损。但是，如果实行完全的自由市场经济，那也是非常大的错误。我认为应该保持政府在经济中的重要角色。在这一点上，社会主义市场经济这一提法中的'市场'一词，应在政府离开问题百出的旧经济体制的时候得到合理的平衡。从这个意义上

说，社会主义具有真正的意义，它和过去旧的斯大林主义概念完全不同……中国现在实行的社会主义市场经济是对 1976 年以来事态变化的概括。他们企图把市场活力以及承认道义和分配方面的考虑、承认干预市场对经济迅速发展的需要结合起来。这不是中国独有的，虽然在叫法上可能与其他国家不同。”

当记者问道：“从许多国家包括英国的经历来看，在政府干预和市场之间达到理想的平衡并不容易。在中国官方机构不健全，还存在官僚主义及贪污腐败的情况下，社会主义的一面真能发挥作用吗？”萨缪尔森回答说：“回顾历史，一味追求单纯的自由市场经济，像 20 世纪 80 年代撒切尔夫人领导下的英国，到 90 年代就产生很大的问题，如社会不满情绪强烈，10%—20% 的最低收入者变得贫困,还有可怜的增长纪录……而在混合经济体制下，最严重的不平等模式、最严重的贫困状况，将由于精心设计的按缴税能力拟定的税收制度和福利计划而得到缓解。请注意这一点：在 20 世纪的最后阶段，旧的社会主义模式在成功的混合经济中完全不起作用……也许我们可以修正一下社会主义定义，把它理解为福利国家，使资本主义制度带来的最糟糕的社会不平等，通过税收和重新分配得到平衡的混合经济。这是自由放任资本主义与良好的社会之间合乎逻辑、可以行得通的妥协。”也许许多人不赞成萨缪尔森的观点，但是他提出的观点未尝不是一条可资借鉴的发展之路。

关于中国国有企业亏损和转换机制的提问，萨缪尔森也做出了明确的答复：“我不是中国问题专家，但我知道，苏联、捷克斯洛伐克和匈牙利的大型国有企业非常缺乏效率。一旦过渡到市场经济，我不认为大型国有企业能起什么作用。我想中国最好是从经济的最底层开始，实行市场调节。事实上，中国已在那个方面开展工作，让农民和手工工人自由买卖、自由生产……中国的大工厂如果想有什么作用的话，最终还得租给许多小的制造企业。中国可能朝那个方向进行试验。反对自由市场的官僚应受到惩罚，帮助小的生产者得到原料和机器的官僚应得到酬谢。在美国很重要的一条是，我们创立企业时，不需要得到任何人的批准。我靠我自已，赚钱我就活下去；如果我是没有效益的生产者或者生产没有人要的产品，我就垮掉……我相信，中国只要照目前这条路前行，就可望在2020年成为全世界第二或第三大的经济强国。但达到那种程度时中国要记住：混合经济如何运用税收和分配来缓解私人财产体系带来的贫困和不平等。我不认为转向纯粹的资本主义是正确的答案，但我真诚地祝愿中国顺利。”时至今日，关于国有大中型企业存在的问题和中国社会的贫困和不平等问题，仍然们没有解决。

毫无疑问，这些犹太经济学大师的对中国经济社会的分析和预测至今仍具有很大的现实意义。所以，人类要学会自我反省和不断回头看，这样才能突出理性的光芒。正如萨缪尔森所言：“永远要回头看。你可能会由过去的经验学到东西……如果你必须预测，那么就经常为之。”这并非只是玩笑之辞或自认无能，而是残酷的事实往往比美丽的理论更重要。

5.6 鄂尔多斯的经济转型与可持续发展

在一切资本中，只有对人自身的投资才是最有价值的资本。

——阿尔弗雷德·马歇尔《经济学原理》

“鄂尔多斯现象”的本质是什么

众所周知，鄂尔多斯曾经以“羊”“煤”“土”“气”闻名世界，以“挖煤”“盖房”和“高利贷”迅速崛起，一度号称“GDP”超过香港，令全中国乃至全世界为之震惊。然而，被许多经济学家称为“奇迹”的所谓的“鄂尔多斯现象”不过是昙花一现。一夜之间，鄂尔多斯楼市接近崩盘，一度出现房地产老板“跳楼自杀”现象，许多“高利贷中间商”在年关忧心忡忡，度日如年。大批农民工讨债索薪，要求回家过年，整个鄂尔多斯显现出一派萧条和冷落的气象，甚至波及到所谓的“鬼城”和一些郊区的旗县。

2012年4月份，《中国证券报》记者在鄂尔多斯调查发现，当地楼市呈现价格坚挺、成交骤降状态，由于库存大、民间借贷问题引发房企资金链断裂，在建楼盘停工现象较多。当地一些业内人士表示，鄂尔多斯楼市成交量与行情火热时相比锐降，商业地产也存在盲目开发的隐忧。

虽然鄂尔多斯楼市萧条景象和全国楼市相似，但和其他城市相比，鄂尔多斯更加惨烈。当地业内人士普遍认为，鄂尔多斯楼市是一个典型的供远大于求的市场。

就在2011年，鄂尔多斯的楼市还是另一番景象。当时，楼盘一开盘就遭疯抢是普遍现象，人们连夜排队，甚至因插队而大打出手。一个当地市民介绍，如果可以在刚一开盘就买下好几套房子，“一定是有关系”。然而，这种热销场面已成了人们的美好回忆。

其实，早在2009年的冬天，在北京著名的“白家大院”饭庄，一位鄂尔多斯的著名房地产老板为他的姥姥庆祝90大寿，我就在祝寿的时候对台下的许多春风得意的鄂尔多斯房地产老板发出警告，告诉他们“不超过2014年，鄂尔多斯的房地产就会崩盘。”结果被许多人把我轰下台去。关于所谓的“鄂尔多斯现象”，2011年春天曾有一位当地公司的老总说过：“鄂尔多斯现象是最简单的现象，是吃老祖宗饭的现象。鄂尔多斯靠的是机会和人均资源的优势，不值得经济学家认真研究。感性太多，理性太少，许多暴发户根本不值一提，只是一种可悲的过程。100年以后，全社会会把‘鄂尔多斯人’调侃为‘暴发户’的代名词。”我对他说：“用不了100年，从现在开始就应该反思了。需要我们自己敢于承认危机，并挖掘我们的智慧和创造力，从而寻求真正的幸福。鄂尔多斯现象也是全中国经济泡沫的缩影，中国也该醒醒了，转变思维，转变经营模式，寻找可持续发展的新路，来一次观念和方法的新启蒙，真正造福我们的子孙后代。”这番对话仍然保存在我的手机短信里。十八大的召开以及中央经济会议的召开，正印证了这番对话的前瞻性。它不是预言旧时代的“世界末日”，而是宣告了一个新经济时代和新文明时代的开始。

“鄂尔多斯现象”的本质并不是鄂尔多斯人放“高利贷”发财致富，而是地方政府靠土地财政和大力发展房地产业拉动GDP增长，再加上鄂尔多斯人缺乏理性思维的能力，一下子盖了当地居民几十年都住不完的房子，导致市场严重供大于求，流动资金链崩断，引发了一系列连锁反应。所谓的“高利贷”是一些中小商人利用自己手中的钱放给穷人而赚取过高的利息来牟利，是一项利润极大的生意。鄂尔多斯的高利贷商人则不同，他们几乎都是中间商，从普通老百姓手中以高于银行利率的利息筹集资金，然后再以更高的利息转放给当地的房地产商人。因此一旦房地产市场疲软，资金链条就要崩断，进而引发一系列的连锁反应。因此，“鄂尔多斯现象”没有什么新鲜和奇怪的地方，无非是“非法集资”所造成的“经济泡沫”。

究竟是财富驾驭头脑，还是头脑驾驭财富

著名经济学家凯恩斯说过：“在长期预期的基础上进行投资，如今已经变得非常困难，不太可行了。尝试这种投资的人所花费的时间和精力以及承担的风险，要比那些对大众行为进行预测的一般投资者大得多；而且如果他的智商一般，则可能会犯下更为灾难性的错误。更何况人生苦短，急功近利乃是人类的本性，他们对于迅速致富近乎痴迷，很久以后才能到手的利润在普通人看来自然大打折扣。”曾几何时，鄂尔多斯最流行的一句话就是："能不能告诉我一个赚钱快又不费力的生意？"鄂尔多斯人见了面最常问的就是："你又买什么好车了？你在北京买房子了吗？"可见，大多数鄂尔多斯人内心还没有形成真正的财富观和价值观，他们的财商很低。他们羡慕名车豪宅，谈论一夜暴富，人生的最高目的就是吃喝嫖赌和贪图享乐，他们最理想的去处就是美国的拉斯维加斯，澳门的赌场和沙特的迪拜。很显然，放高利贷和搞房地产是来钱最快的生意，既不需要费多大力气，也不需要非常高的智商，只要胆子大，敢于买地，敢于从老百姓的手中高利集资，就能够一夜暴富。于是"悲剧"就这样开始。

美国犹太经济学家彼得·伯恩斯坦是著名的金融史学家，他几乎见证了过去一个多世纪里的每一场金融危机。他也是极少数亲历过 1929 年经济大萧条，并在 2008 年的金融风暴中依然活跃在市场上的人。在目睹了险象丛生的市场起伏和波澜壮阔的金融活动以后，他在《繁荣的代价》一书中对金融与市场风险提出了发人深省的警告："今天的投资人最大的问题，就是缺乏历史感。假如对历史多一点理解和了解，很多人也许就能够避免市场崩盘所带来的伤害。"因此，当鄂尔多斯最繁荣的时候，政府的某些官员和头脑发烧的房地产商人早应该冷静下来听取知识分子的耐心劝告。可悲的是，鄂尔多斯的商人静不下心来，鄂尔多斯也没有多少真正的文化人和真正的知识分子进行严肃而理性的思考。严格地说，鄂尔多斯的发展速度太快了，人们还没有来得及做好发财以后的心理准备就出问题了。

发了财并不等于成功，真正的成功是拥有知识和智慧。文化和智力的寿命比金钱更长。

很显然，只有正确地认识财富，才能很好地驾驭财富。与过去 30 年迅速增长的财富相比，中国人的财商，也就是管理财富的综合能力却异常匮乏。提高财商是人们科学管理财富，追求美好人生的基础和决定性条件。所谓的财商，由四大元素构成，即:财富知识、财富态度、财富行为和财富性格。也就是说，只有高财商的人才能真正创造财富和驾驭财富。因此，对于当下的鄂尔多斯人来说，最重要的一个问题就是思考和回答：究竟是头脑驾驭财富，还是财富驾驭头脑?这是一个永恒的问题。

鄂尔多斯如何重新崛起

在经济繁荣的时候，没有多少人能够认识到中国的经济(包括鄂尔多斯的经济)所存在的危机。很显然，现在全球经济都处在一个十字路口上。正如一位美国棒球明星所言："当你来到十字路口时，不管怎样要重新选择一条路来走。"而伟大的犹太科学家爱因斯坦也认为，如果一旦用原来的办法解决不了危机，就一定不能继续使用原来的办法，必须换一个新的角度和高度来思考问题。很显然，描绘天堂远比指明通往天堂的路容易得多，只描绘了天堂而没有指明道路的人其实没有多大价值。在古老的犹太卡巴拉智慧看来，"危"代表危险，"机"就意味着机会。危机不是指一种崩溃的状态，而是指一种向全新的状态的转折点。用以色列智者迈克尔·莱特曼博士的话说就是"人类的问题是，我们常常看不清这种新的状态"。看不见前方，人类就将灭亡（《圣经·箴言》29:18）。

那么，鄂尔多斯究竟如何重新崛起呢？

美国经济学家阿尔弗雷德·马歇尔在《经济学原理》一书中写道："在一切资本中，只有对人自身的投资才是最有价值的资本。"因此，对于鄂尔多斯人来说，要想重新崛起既简单也复杂。所谓的简单，就是只需对人力资本进行大力投资；所谓的复杂，就是人的教育、人的素质和人的全面发展是一个漫长的过程。一个地方要想长期实现繁荣，就必须有一大批具有理想主义情怀的企业家和胸怀大志的创业者，坦然地面对未来。

否则让一些只懂得贪污受贿和追求享乐的人来管理这个地方，这个地方绝不会可持续发展，迟早要出现问题。我曾经对一位鄂尔多斯的记者说过：“鄂尔多斯连一所像样的大学都没有，这是鄂尔多斯人的耻辱。”

加里·贝克尔在《人力资本理论》一书中写道：“对大多数人来说，资本意味着银行账号、100股IBM的股份，生产线或芝加哥附近的钢铁厂。总之，在较长的时期内能带来收益和其他有用产品的东西都是资本。但是，这里我要谈的却是另一种形式的资本，例如，正规学校教育，计算机培训课程，医疗保险方面的支出，有关严格守时和诚实美德的讲座等等。它们能够改善健康，增加收入，提高阅读能力，让人终身受益，从这个意义上说，它们也是资本。当然，与传统的资本概念一样，在教育、培训、医疗保险上的花费应该被视为对资本的投资。”很显然，鄂尔多斯下一步如果不真正在文化软实力及人力资本上加大投资力度，永远不可能重新崛起与可持续发展。智慧、幸福、创造力是下一步全鄂尔多斯，乃至全内蒙古和全中国所应恪守的价值观和追求的发展方向。个人追求智慧，家庭追求幸福，企业和政府追求创造力，这是永恒的真理。

犹太作家卡夫卡说：“心脏是一座有两间卧室的房子，一间住着痛苦，另一间住着欢乐。人不能笑得太响，否则笑声会吵醒隔壁的痛苦。”问题是，经济危机来临的时候，人们还能笑得起来吗?

鄂尔多斯应打造成“塞外旅游休闲之都”和“北方科技人文创新之都”

由北京内蒙古企业家商会和“中企资本联盟－鄂尔多斯论坛”秘书处联合主办的第二期“CECU－鄂尔多斯论坛”沙龙于2014年4月29日上午10:00—12:00在北京华贸中心会所三楼字里行间连锁书吧隆重举行。我有幸主持了这次沙龙。北京内蒙古文化企业商会执行会长董建勇、中企资本联盟主席杜猛、中企资本联盟副主席赵海、北京大学国情中心教授杨百揆、百年企业研发中心主任王育琨及鄂尔多斯高新区管委会副主任斯琴毕力格博士等30多人参加了沙龙。沙龙主题为“鄂尔多斯转型和可持续发展”，专家们畅所欲言，积极为鄂尔多斯的重新崛起献计献策。

中企资本联盟副主席杜猛博士说:“发展经济关键是要认识经济规律，出现危机非常正常，关键是要正视危机，解决危机，突破危机，找到新的发展方向。”CECU－华创房地产研究院、商业地产专家赵海先生认为:“鄂尔多斯现象的本质是产业结构和人性的欲望问题。由于鄂尔多斯产业结构过于单一，导致风险来临时人们无法互相帮助。再加上人的欲望放大，拼命攀比和超前消费，透支了经济积累。”鄂尔多斯高新区管委会副主任斯琴毕力格博士感谢各位专家对鄂尔多斯转型的关注与支持，邀请他们参加6月19日在鄂尔多斯举行的“CECU－鄂尔多斯论坛”，并到鄂尔多斯投资置业。

以色列被全世界公认为“创业的国度”，在农业、军事、高科技、医疗器械制造和教育方面，在全世界名列前茅。以色列的成功给全世界树立了榜样。鄂尔多斯可以借鉴以色列的成功模式，依托草原风情和蒙古族文化，大力发展旅游业和养老地产，打造成“塞外休闲之都”；鄂尔多斯还可以充分利用闲置的房地产，嫁接以色列高质量的教育资源，通过国际化的发展方向和未来教育的走势，为中国教育树立一块成功的试验田，从而推动高科技的发展，转变鄂尔多斯原有的品牌形象，迅速打造成中国“北方的科技人文创新之都”。我相信，这是鄂尔多斯发展的必由之路。靠资源发展的路子不可持续。

要珍惜我们的阳光、空气和水

2014年5月4日上午，由鄂尔多斯市政府和鄂尔多斯无它教育共同主办的“中美智囊团健康产业沙龙”

在鄂尔多斯饭店隆重举行。市政府领导、市卫生局、市民政局、伊旗政府及糖尿病医院和养老院领导20多人出席了沙龙。世界健康产业专家、美中贸易促进会主席乌巴特认为，鄂尔多斯人要珍惜我们的阳光、空气和水，发挥天然优势，大力发展健康养老产业、国家级绿色食品和安全食品基地，拉动旅游业、服务业和第四产业，未来战争的导火索可能正是阳光、空气和水。人在没钱的时候渴望发财，在发了财以后追求健康。鄂尔多斯转型发展的方向就是健康、教育、高科技和生命产业，这是人类永恒发展的方向。乌巴特主席的观点也是我多年来倡导的观点。

是否要把鄂尔多斯打造成“国际二奶生育之城”？

在“五一”长假期间，“中美智囊团”已成功结束了鄂尔多斯的考察与项目对接。我引进的以色列国家科学院“天才儿童游乐园”即将落户高教产业园区的“学生综合社会实践基地”，中企资本联盟杜猛副主席则和高新产业园区达成意向，共同建设“中企智库商学院”，为未来的中国产业转型培训合格总裁。此外，美中贸易促进会乌巴特主席则为鄂尔多斯打造养老健康产业之城描绘了一幅美丽图景。在5月4日上午的“CECU-健康养老产业沙龙”中，成都财富控股集团康厚平董事长的一段话引发了争议：“我同意乌主席上述策划，但有死就有生，中国有那么多二奶三奶到美国生孩子，为什么不能让她们到鄂尔多斯来生育呢？既符合人权，又能拉动人气，何乐而不为？”当时会场一片哗然，我态度是坚决反对。还是以色列首任总理本－古里安说得好：“困难的事情我们赶紧做；不可能的任务，我们多花些时间。”所有的事业都要守住法律的底线。

鄂尔多斯面向未来发展的六大产业

1. 煤炭化工业（要学会技术改造、节约成本和减少污染）；2. 新农业和绿色农业；3. 文化旅游业（鄂尔多斯民族风情与西部民歌）；4. 电商新平台产业（主要推销天然粮食——蛋奶、高粱、莜麦、苦荞等农副产品）；5. 教育培训产业（发挥美女经济，激活旅游酒店和住房）；6. 发展医疗养生健康产业（建设能够治疗糖尿病和心血管疾病的一流医院）。除了煤炭化工等传统产业外，新行业投资少见效快，吸引人气，可持续发展。

鄂尔多斯迎来了“新鳄商”时代

经过了这次危机，鄂尔多斯的企业家们终于开始思考了。鄂尔多斯迎来了新时代，新“鄂商时代”（由于湖北也简称“鄂”，所以有人提出将“新鄂商”改名为“新鳄商”）。那么，何谓“新鳄商”？我赋予它六层含义：1. 不再挖煤盖房放高利贷（教训惨痛，学会自省）；2. 市场营销依托新媒体新平台；3. 学会抱团取暖，发扬团队精神；4. 有空杯心理，善于学习，面向中国和世界，不仅仅要赚钱，更应有长远的目标和较高的综合素质；5. 不排外，敢于整合全中国，甚至全世界的资源；6. 敢于挑战传统产业，要有创新思维，不断产生新产品，吸引全中国人民的目光！

鄂尔多斯政府应紧跟中央改革步伐，改善投融资环境

据《新京报》4 月 19 日社论，李克强总理亲手签字审批成立中国第一家注册资金 500 亿的民营投资公司“中民投”，大力鼓励民营资本共同投资和车库创业。这标志着中国社会转型时期经济结构调整的重大变革，有利于释放社会资本活力和为大多数中小企业家提供生存发展的机会。因此，鄂尔多斯要想突破经济转型发展的阵痛期，必须打破僵化保守落后的观念，紧跟中央改革步伐，鼓励多种形式的创业方式，用法律改善和保障投融资环境的优化发展，并营造一个鼓励创新发展的良好舆论环境，让那些胸怀梦想的创业者的创造性和积极性得到鼓励和释放，彻底激活鄂尔多斯人的思想，告别原始落后野蛮的物质主义时代，创造更加美好的明天。

嘲讽、打击、阻挠和诽谤创业者是可耻的

创新要想成功有五大核心要素：1. 想法必须与众不同；2. 敢于冒险，鼓励失败；3. 发现和引导市场需求；4. 发挥团队精神；5. 创造更多机会。 中国人的创新为什么常常会遭到失败？就是因为中国的传统文化打击异端思维，不鼓励失败和新奇的思维，每个中国人是一条龙，三个中国人就变成一条虫，也缺乏创新的机遇。所幸的是，伟大的互联网为我们普通人提供了良好的平台和更大的舞台，让我们与整个世界一下子就联结起来了。可悲的是，许多人不懂得这来之不易的机遇，并滥用自己的话语权，不是用来捕捉和理解信息，而是把新媒体当作发牢骚，泄私愤，打击、嘲讽、阻挠和诽谤创业者并传递负能量的渠道，这是非常可耻而愚蠢的行为，每个有良知的朋友都应该勇敢地站出来主持正义。否则，我们每个人理想的火苗刚刚点燃，就会被迅速熄灭。

要想创新和转型成功，必须营造一个容忍失败的和谐生态环境。

中国文化和犹太文化有个巨大的区别就是，中国人是胜者王侯败者贼，犹太人是敢于冒险并鼓励失败，认为失败是成功的一部分。因为没有任何一件事是可以轻而易举成功的，天上掉馅饼是小概率事件。另外，根据以色列的成功经验，要想创新成功，除了要营造一个容忍失败的和谐生态环境以外，还要创造政府首脑经常和创业者对话的人文气氛。政府领导的职责不仅是一个管理者和追究责任者，而是一个服务者、引导者和鼓励者，甚至要成为创业者真正的朋友，了解他们的喜怒哀乐和酸甜苦辣，为创业者的冒险生涯提供帮助和保驾护航。

优质教育产业不仅是百年大计，而且可以助推鄂尔多斯在5年后重新崛起

只要鄂尔多斯能尽快树立起中国教育改革成功的一面旗帜，全中国的孩子和家长都会向往鄂尔多斯，则过剩楼盘自然会被激活，再加之全球仍然资源短缺，今后煤炭市场必会波动，经济自会雄起。孩子在哪里，父母亲的心就会在哪里，鄂尔多斯的崛起一定是众望所归。正如萨缪尔森所言："要成为一个不抱任何偏见的专家，客观地对待商业周期、国际贸易和宏观经济领域的残酷现实，确实需要一个冷静的头脑，一个博学多识的人一定能够造福于人类和社会。”因此，与犹太人为伍就是与智慧同行，一个有朋友和有智慧的人永远不会破产。

(附言:2014年4月2日,我返回鄂尔多斯,主持召开“鄂尔多斯论坛沙龙”，目的是帮助鄂尔多斯实现经济转型与可持续发展，并于5月1日成立了“鄂尔多斯无它教育发展有限公司”,赞助拍摄微电影《鄂尔多斯的春天》,并策划于6月19日召开“CECU—鄂尔多斯论坛”，打造“南有博鳌论坛，北有鄂尔多斯论坛”，引进中国企业资本联盟和美中贸易促进会百名企业家助推鄂尔多斯转型发展。

我研究以色列创新文化、以色列教育和犹太智慧20多年，著有20多部专著，先后6次探访以色列，渴望通过中以文化的交流和产业项目的对接，彻底激活鄂尔多斯，早日成立“以色列创新智慧学院”和“WUTA国际学校”，并于7月15日—25日在鄂尔多斯隆重举行第三期“成年礼：犹太智慧少年领袖训练营”，于8月份出版《鄂尔多斯札记：一个人跌倒了如何站起来》，9月份启动“首届鄂尔多斯国际智慧佳丽沙漠选拔赛”，10月启动“从鄂尔多斯到特拉维夫：以色列－鄂尔多斯自然人文摄影联展”。）

图书在版编目（CIP）数据

创新创业5W：以色列奇迹对中国经济转型的启示 / 贺雄飞著.
—南京：译林出版社，2016.3
ISBN 978-7-5447-5229-9

Ⅰ. ①创… Ⅱ. ①贺… Ⅲ. ①经济发展－研究－以色列
②中国经济－转型经济－研究 Ⅳ. ①F138.24②F12

中国版本图书馆CIP数据核字（2016）第028762号

书　　名　创新创业5W：以色列奇迹对中国经济转型的启示
作　　者　贺雄飞
责任编辑　陆元昶
特约编辑　肖　瑶
出版发行　凤凰出版传媒股份有限公司
　　　　　译林出版社
出版社地址　南京市湖南路1号A楼，邮编：210009
电子邮箱　yilin@yilin.com
出版社网址　http://www.yilin.com
经　　销　凤凰出版传媒股份有限公司
印　　刷　北京鑫海达印刷有限公司
开　　本　787×1092毫米　1/32
印　　张　8.5
字　　数　125千字
版　　次　2016年3月第1版　2016年3月第1次印刷
书　　号　ISBN 978-7-5447-5229-9
定　　价　32.80元